古玉圖譜

（第一册）

UESTCP
电子科技大学出版社

图书在版编目（CIP）数据

古玉图谱：全5册/(宋) 龙大渊著 . -- 成都：电子科技大学出版社，2017.10
ISBN 978-7-5647-5186-9

Ⅰ．①古… Ⅱ．①龙… Ⅲ．①古玉器－中国－宋代－图集 Ⅳ．① K876.82

中国版本图书馆 CIP 数据核字 (2017) 第 239305 号

古玉图谱（全5册）

(宋) 龙大渊 著

策划编辑 刘 愚 杜 倩
责任编辑 刘 愚 李 倩

出版发行 电子科技大学出版社
成都市一环路东一段159号电子信息产业大厦九楼 邮编 610051
主 页 www.uestcp.com.cn
服务电话 028-83203399
邮购电话 028-83201495

印 刷 虎彩印艺股份有限公司
成品尺寸 185 mm×260 mm
印 张 163.75
字 数 1300千字
版 次 2017年10月第1版
印 次 2017年10月第1次印刷
书 号 ISBN978-7-5647-5186-9
定 价 3980.00（全5册）

出版説明

現代漢語用『圖書』表示文獻的總稱，這一稱謂可以追溯到古史傳説時代的河圖、洛書。在從古到今的文化史中，圖像始終承擔着重要的文化功能。傳説時代的大禹『鑄鼎象物』，將物怪的形象鑄到鼎上，使『民知神奸』。在《周易》中也有『制器尚象』之説。一般而論，文化生活皆有與之對應的物质層面的表现。在中國古代文獻研究活動中，學者也多注意器物、圖像的研究，如《詩》中的草木、鳥獸，《山海經》中的神靈物怪，《禮儀》中的禮器、行禮方位等，學者多畫爲圖像，與文字互相印證，成爲經學研究中的『圖説』類著述。至宋元以後，庶民文化興起，出版業高度發達，版刻印刷益發普及，在普通文獻中也逐漸出現了圖像資料，其中廣泛地涉及植物、動物、日常的物質生産程序與工具、平民教化等多個方面，其中流傳至今者，是我們瞭解古代文化的重要憑藉，通過這些圖文並茂的文本，讀者可以獲得對古代文化生動而直觀的感知。爲了方便讀者閱讀，我們將古代文獻中有關圖像、版畫、彩色套印本等文獻輯爲叢刊正式出版。

本編選目兼顧文獻學、古代美術、考古、社會史等多個種類，範圍廣泛，版本選擇也兼顧了古代東亞地區漢文化圈的範圍。圖像在古代社會生活中的一大作用爲促進平民教化，即古人所謂的『圖像古昔，以當箴規』，（語出何宴《景福殿賦》）明清以來，民間勸善之書，如《陰騭文》《閨范》等，皆有圖解，其中所宣揚的古代道德意識中的部分條目固然爲我們所不取，甚至應該是批判的對象，但其中多有精美的版畫，除了作爲古代美術史文獻以外，也可由此考見古代一般平民的倫理意識，實爲社會史研究的重要材料。

本編擬目涉及多種類型的文獻，茲輯爲叢刊，然亦以單種別行為主，只有部分社會史性質的文本，因爲篇卷無多，若獨立成册則面臨裝幀等方面的困難，則取同類文本合爲一册。文獻卷首都新編了目録以便檢索，但爲了避免與書中内容大量重複，無謂地增加篇幅，有部分新編目録較原書目録有所簡略，也有部分文本性質特殊，原書中本無卷次目録之類，則約舉其要，新擬條目，其擬議未必全然恰當。所有文獻皆影印，版式色澤，一存古韻。

《古玉圖譜》總目録

一百卷（宋）淳熙龍大淵等 奉敕編 清乾隆四十四年江春康山草堂刻本

第一册

第二册

第三册

第四册

第五册

第一册目録

古玉圖譜

一

乾隆己亥年鐫

古玉圖譜

康山草堂藏板

古玉圖譜原序

太上光堯聖帝陛下天縱好古因嗜閱考古諸書閤嘗語臣下曰楚書云楚國無以為寶惟善以為寶則古玩何庸嗜哉第以致知在格物聖經垂訓昭昭也矧鼎彝尊罍之屬皆為重器已備載博古考古諸書矣然而器之大者可以函牛小亦容受升斗稍欲貯之緹囊陳之燕几者特少必欲出諸懷袖便於摩

洋易於携挈者其在古玉器乎故内府所藏
諸種咸備萬機之暇間命近侍出陳玩賞而
太上聖帝陛下聖明天縱博雅生知雖或留
神燕賞而非溺於躭玩援經鑒古以符聖學
邇者倦勤遜位高拱天宮皇帝陛下孝同虞
舜德並唐堯侍奉太上聖帝陛下為家國式
以天下養凡諸玩好可以怡悦太上聖帝陛
下者靡不訪求貢進因爾皇帝陛下躬勞聖

爲駐蹕郊庭按臨之下盡錄歷代寶玉奇器猶爲未備遂敕有司懸金擇訪共得七百餘種恭進德壽宮以爲太上聖帝陛下燕几清玩因敕臣大淵等次第編纂會集丹青圖其形類寫其巨細詳述而備譜之臣聞古之君子以玉比德溫而不淄磨而不磷或澤而瑩或溫而栗故三代至今凡宗廟重器朝廷大寶咸以美玉製之自天子以至諸侯大夫所

有執佩如珪璋環璧之類俱有取義不特徒為玩好而已後世之博雅者搜求巖穴博採山阿不惜金帛厚埴而貨取之間有得者辨其質相考其製度或以瑕論或以式詳雖或荒垌淹沒古塹棄遺亦所不諱遂使數千百年久閉之物一旦重出人間為人傳賞不已寶玉之顯晦蓋亦有數存焉臣等恭承簡命爰集臣僚鑒古博求引經述論圖其品飾以

乃青附之譜説雖體制之巨細瑕玷之有無
今所並載使開冊者便已瞭然知為何代何
器矣且此中諸玉處囊無摧毀之虞而開卷
有考索之道後之覽者亦將有契於斯否但
臣大淵等識鮮全牛才慚半豹謹遵詔旨勉
述蕪辭纂成古玉圖譜凡一百冊恭進殿廷
伏願皇帝陛下萬機餘暇俯賜照臨臣等無
任銜恩榮遇之至

淳熙三年三月朔旦

總裁官銀青光祿大夫上柱國翰林學士承旨檢校禮部尚書開府儀同三司永興郡開國公食邑七百戶實封三百戶提舉嵩山崇福宮使賜紫金魚袋臣龍大淵

總裁官朝奉郎翰林直學士檢校戶部侍郎檢詳三省機宜文字騎都尉賜緋魚袋臣宇文粹中

副總裁朝奉郎檢校工部侍郎樞密直

學士檢詳三省機宜文字騎都尉賜緋
魚袋臣曾覿
副總裁朝奉郎集賢直學士禮部員外
郎檢勘三省機宜文字賜緋魚袋臣張
康逵
編修官宣德郎尚書戶部員外郎兼集
賢校理提舉徽猷閣臣張掄
編修官宣德郎尚書兵部員外郎提舉
皇城司事臣王若水
編修官宣教郎尚書工部員外郎提舉
修內司事臣張青

編修官武功大夫帶御器械忠冊防禦
使直寶文閣臣士祿
編修官武翼大夫帶御器械汝冊團練
使直敷文閣臣葉盛
書寫官文林郎秘閣修撰兼攝太常禮
儀院使賜緋魚袋臣錢萬選
圖畫官文林郎畫院待詔兼畫學博士
賜金帶臣劉松年
圖畫官儒林郎畫院祗候食五品俸賜
金帶臣李唐
圖畫官儒林郎畫院祗候賜緋魚袋臣

馬遠
圖畫官儒林郎畫院祇候賜緋魚袋臣
夏圭
編次官樞密院都事武騎尉臣李存忠
編次官工部司務臣王偉烈
裝潢官文思院掌院事雲騎尉臣郁豊
裝潢官文思院副使雲騎尉臣周在鎬
三省賫奏都吏臣樂安

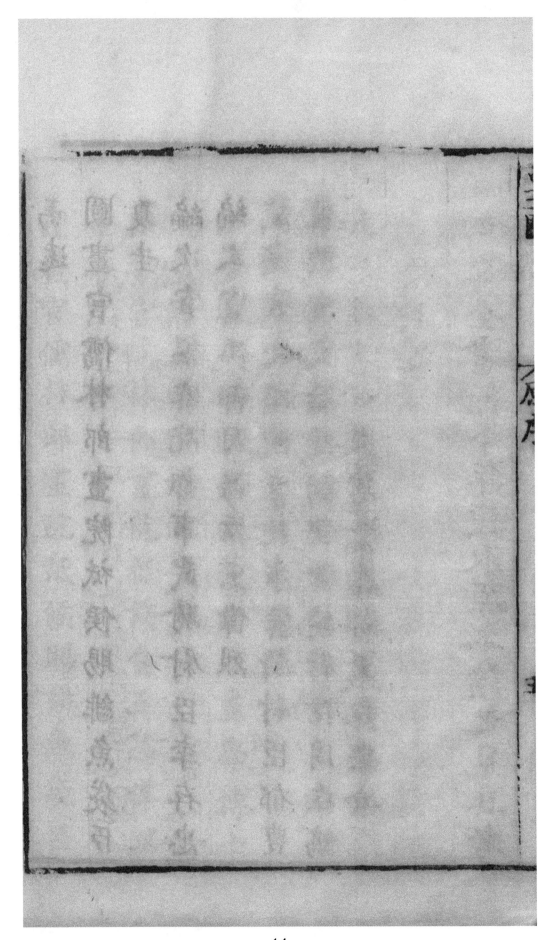

序

古玉圖譜一百卷宋孝宗朝敕臣龍大
淵等編纂進呈者也宋史藝文志及諸
家著錄皆失載其名我
朝乾隆三十八年閏三月奉
旨採訪遺書始購得此圖譜鈔本即恭加繕
校上之
四庫全書館今年復取原本讀之見其考

據詳明繪畫工妙蓋與宣和博古圖相表裏周禮考工有攻金之工有玉人宗伯有典瑞博古圖則攻金之工此書則玉人及典瑞所掌也兩書誠不可缺一乃博古圖自宣和後又經元至大重修流傳甚廣而此書則鮮有津逮者夫君子無故玉不去身自郊廟朝廷聘享兵祭以及車輿冠服之飾皆用之玉之重

於古也久矣況古人左圖右書書不能盡者則詳之以圖如周禮所載圭璋琮璧之類諸儒議論多所同異而其形製皆具於此書寧謂其無補於經學也哉嘗讀李心傳所著建炎以來朝野雜記載御府所藏玉寶十有一皆與此書引會典合是又信而可徵者也此書成於宋淳熙三年丙申是時大淵已歿書前

開載職名仍列大淵爲首者不没其始
事也大淵名在佞幸傳其人不足道而
其書則不可不傳 春不揣固陋謹按
呈本校其脱譌而付之梓俾海内博雅之
士得快夫先覩焉特是此書既呈
御覽復經
館閣諸臣是正編纂較之舊日鈔本更加
考核精嚴搜羅全備將見

欽定成書羣得恭瞻
内府雕本沿波討源知
聖天子稽古右文邁唐虞而軼三代則簡册
所垂自有與琬琰榮光共其不朽者是
刻誠無足重輕又不妨棄置也已
大清乾隆四十有四年歲在己亥十二月望
日歙人江春穎長氏序於康山草堂

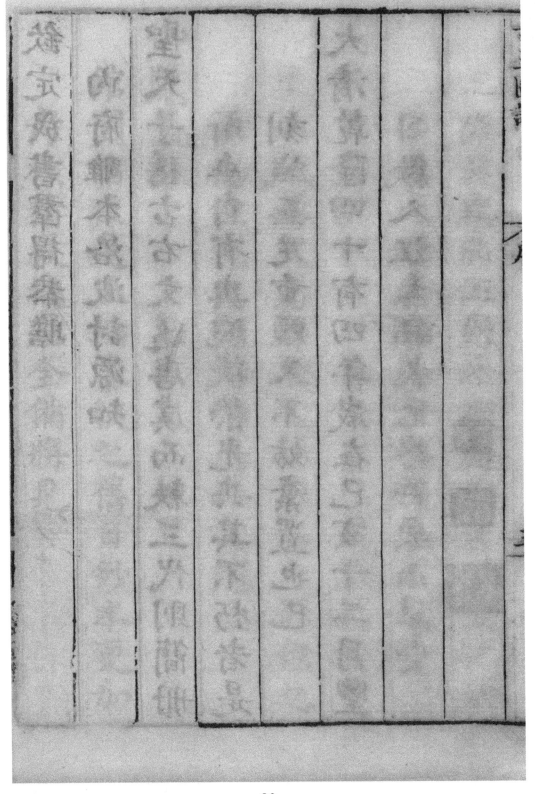

宋淳熙敕編古玉圖譜總目

共計一百冊

銀青光祿大夫翰林學士承旨檢校禮部尚書開府儀同三司上柱國永興郡開國公食邑七百户實封三百户提舉嵩山崇福宮使賜紫金魚袋臣龍大淵等奉敕編纂

古玉圖譜第一冊目錄

國寶部

古玉圖譜第二冊目錄

國寶部

古玉圖譜第三冊目錄

國寶部

古玉圖譜第四冊目録

國寶部

古玉圖譜第五冊目錄

國寶部

玉圖譜第六冊目錄

寶部

玉圖譜第七冊目錄

寶部

古玉圖譜第八冊目錄

國寶部

古玉圖譜第九冊目錄

國寶部

古玉圖譜第十冊目録

國寶部

古玉圖譜第十一冊目錄

國寶部

古玉天然山河影月輪圓璧

古玉天然山元文小璧

古玉天然水蒼文小璧

古玉天然山元水蒼文合璧

古玉圖譜第十二冊目錄

國寶部

古玉素質無文璧 一

古玉素質無文璧 二

古玉四象璧 一

古玉四象璧 二

古玉圖譜第十三冊目錄

國寶部

三代周玉穀璧 一

三代周玉穀璧 二

古玉圖譜第十四冊目錄

國寶部

古玉圖譜第十五冊目錄

古玉蟠螭璧

古玉蟠雲連珠璧

古玉散璧

古玉蟠虬璧

古玉圖譜第十六冊目錄

國寶部

古玉乾字璧

古玉乾卦璧

古玉雲雷璧

古玉坤元璧

古玉山河璧

古玉天圓地方璧

古玉圖譜第十七冊目錄

國寶部

古玉山元文黄琮

古玉山元水蒼文黄琮

古玉圖譜第十八冊目錄

國寶部

古玉坤字黃琮

古玉八方實腹黃琮

古玉八方卦位黃琮

古玉八方坤元黃琮

古玉圖譜第十九冊目錄

國寶部

古玉素質大璋一

古玉素質大璋二

古玉圖譜第二十冊目錄

國寶部

古玉圖譜第二十一冊目録

國寶部

古玉圖譜第二十二冊目錄

國寶部

古玉圖譜第二十三冊目録

國寶部

古玉篆文白琥一

古玉篆文白琥二

古玉篆文白琥三

古玉素質白琥

古玉圖譜第二十四冊目錄

國寶部

三代周玉篆文元璜

三代周玉夔龍元璜

古玉斗宿元璜

古玉卦象元璜

古玉天雞元璜

古玉元武元璜

古玉圖譜第二十五冊目錄

國寶部

古玉篆文元璜　一

古玉篆文元璜　二

古玉圖譜第二十六冊目錄

國寶部

古玉圖譜第二十七冊目錄

國寶部

古玉圖譜第二十八冊目錄

國寶部

古玉片雲戚 一

古玉片雲戚 二

古玉轆轤劒 一

古玉轆轤劒 二

古玉圖譜第二十九册目錄

國寶部

古玉提梁劒璏

古玉劒飾轆轤環 一

古玉劒飾轆轤環二

古玉劒飾夔龍環

古玉雲螭琫

古玉雲螭琕

古玉雷文琫

古玉連珠琕

古玉海獸琫

古玉椒圖琕

古玉連雲琫

古玉連雲琿

古玉圖譜第三十冊目錄

國寶部

古玉響節

古玉靜鞭

古玉立瓜仗

古玉臥瓜仗

古玉圖譜第三十一冊目錄

國寶部

古玉圖譜第三十二冊目錄

漢玉天子之璽

漢玉天子信璽

古玉圖譜第三十三册目録

國寶部

漢玉荆王璽

漢玉永昌小璽

漢玉太平小璽

漢玉天祿永昌小璽

古玉圖譜第三十四册目録
國寶部

唐玉萬歲通天璽

唐玉大周國寶璽

古玉圖譜第三十五册目錄

國寶部

宋大宋受命之寶小璽

宋中興受命之寶玉璽

宋天子之寶玉璽

宋天子信寶玉璽

宋鎮國玉璽

宋定命寶玉璽

古玉圖譜第三十六册目錄

國寶部

宋受命傳國玉璽

宋天子行寶玉璽

宋皇帝之寶玉璽

宋皇帝信寶玉璽

宋皇帝行寶玉璽

宋天下合同之寶玉璽

古玉圖譜第三十七冊目錄

國寶部

宋宣和殿寶玉璽

宋緝熙殿寶玉璽

宋睿思殿寶玉璽

宋御書之寶玉璽

宋御前之印玉璽

宋奉華堂印玉璽

古玉圖譜第三十八册目錄

國寶部

宋内秘書印小璽

宋内殿秘書小璽

宋天水雙龍小圓璽

宋内府合同小璽

宋內府書印小璽
宋御書小璽
宋御書之印小璽
宋宣和小璽一
宋宣和小璽二
宋政和小璽
宋紹興小璽一
宋紹興小璽二

宋紹興小璽三

古玉圖譜第三十九冊目錄

國寶部

古玉圖譜第四十冊目錄

國寶部

古玉圖譜第四十一冊目錄

國寶部

漢玉洪福齊天鎮庫錢 六

古玉圖譜第四十二冊目錄

國寶部

唐玉元亨利貞鎮庫錢

古玉圖譜第四十三冊目錄

國寶部　壓勝部

古玉神龍壓勝錢

古玉水靈壓勝錢

古玉九府壓勝錢刀一

古玉九府壓勝錢刀二

古玉九府壓勝錢刀三

古玉九府壓勝錢刀四

古玉圖譜第四十四冊目錄

壓勝部

古玉貨布壓勝錢

古玉貨泉壓勝錢

古玉泉布壓勝錢

古玉泉貨壓勝錢

漢玉五銖壓勝錢

古玉圖譜第四十五册目錄

壓勝部

古玉長命守富貴公主撒帳錢 一

古玉偕老享天福公主撒帳錢 二

古玉多福多男子公主撒帳錢 三

古玉萬年享天祿公主撒帳錢 四

古玉福祿同山海公主撒帳錢 五

古玉壽算共天長公主撒帳錢 六

古玉福祿攸同洗兒錢 一

古玉圖譜第四十六册目錄

壓勝部

漢玉剛夘　二

漢玉剛夘　三

漢玉剛夘　四

漢玉剛夘　五

漢玉剛夘　六

漢玉剛夘　七

漢玉剛夘　八

漢玉剛夘　九

古玉圖譜第四十七冊目錄

輿服部

古玉輅虎首承轅

古玉輅指南車飾蚩尤環

古玉相輪

古玉輅承綏一

古玉輅承綏二

古玉鳩車

古玉圖譜第四十八冊目錄

輿服部

古玉輅輞頭一

古玉輅輞頭二

古玉輅輞頭三

古玉輅輞頭四

古玉輅輞頭五

古玉輅輞頭六

古玉圖譜第四十九冊目錄

輿服部

古玉圖譜第五十冊目錄

輿服部

古紅玉蓮花冠 一

古碧玉蓮花冠 二

古紅玉芙蓉冠

古黃玉三台冠

古紫玉燕尾冠

古黃玉朝天冠

古玉圖譜第五十一冊目錄

輿服部

古玉方山冠
古玉七梁方山冠
古玉隱士冠
古玉偃月冠
古玉束髮小冠
古白玉皇后七寶冠

古玉圖譜第五十二冊目錄

輿服部

唐白玉龍文朝帶

唐羊脂白玉萬壽朝帶

唐青玉洪福齊天朝帶

唐黃玉鶻面朝帶

唐青玉天然月輪朝帶

古碧玉天然山紋朝帶

古玉圖譜第五十三冊目錄

輿服部

古玉雕文全佩

古玉連環寶鈴鬼工全佩

古玉彫文佩珩

古玉荷葉佩珩

古玉彫文佩瑀

古玉衍波文佩瑀

古玉圖譜第五十四冊目錄

輿服部

古玉圖譜第五十五冊目錄

輿服部

古玉如意帶環

古玉蚩尤帶環

古玉連雲帶環

古玉團鳳帶環

古玉蟠雲帶環

古玉瑞草帶環

古玉圖譜第五十六冊目錄

輿服部

古玉圖譜第五十七册目錄

輿服部

古玉圖譜第五十八册目錄

部

玉螗螂捕蟬帶鉤

古玉商首帶鉤

古玉如意帶鉤

古玉龍馬帶鉤

古玉辟邪帶鉤

古玉天祿帶鉤

古玉圖譜第五十九冊目錄

輿服部

古玉圖譜第六十冊目錄

輿服部

古玉圖譜第六十一冊目錄

輿服部

古玉弁釵一

古王弁釵二

古香玉龍首通氣釵

古紫玉燕釵

古碧玉中空竹根釵

古玉鳳頭釵

古玉圖譜第六十二冊目錄

輿服部

古甘青玉雙魚佩一

古玉雙魚佩二

古玉雙鸞珮一

古玉雙鸞珮二

古玉雙螭玦

古玉香草玦

古玉圖譜第六十三冊目錄

輿服部

古玉蝴蝶玦

古玉夔龍玦

古玉綯紐玦

古玉蟠螭玦

古玉太乙負螭玦

古玉單螭玦

古玉圖譜第六十四冊目錄

輿服部

古玉圖譜第六十五冊目錄

輿服部

古玉單螭玦一

古玉單螭玦二

古玉雙螭玦一

古玉雙螭玦二

古玉雙螭玦三

古玉雙螭玦四

古玉圖譜第六十六冊目錄

輿服部

古玉圖譜第六十七冊目錄

文房部

古玉太平有象硯

古玉風字硯

古玉葫蘆硯

古玉宮瓦硯

古玉海天初月硯

古玉圭硯

古玉圖譜第六十八冊目錄

文房部

古玉圖譜第六十九冊目錄

文房部

玉雲龍筆管　二
古玉雲龍筆管　二

古玉圖譜第七十冊目録

文房部

古玉圖譜第七十一冊目錄

文房部

古玉圖譜第七十二冊目録

古玉圖譜第七十三冊目錄

房部

古玉玉斗水注

古玉雷簋水注

古玉蟠獅書鎮

古玉天祿書鎮

古玉辟邪書鎮

古玉圖譜第七十四冊目錄

文房部

古玉文犀書鎮

古玉圖譜第七十五冊目録

文房部

古玉界尺　二

古玉圖譜第七十六冊目錄

文房部

古玉圖譜第七十七冊目錄

薰燎部

古玉圖譜第七十八冊目錄

薰爐部

古玉子父鼎

古玉伯郜鼎

古玉秦宮鼎

古玉圖譜第七十九冊目錄

薰燎部

古玉博山爐一

古玉博山爐二

古玉巳舉彝

古玉圖譜第八十冊目錄

薰燎部

古玉夔龍直文㺯

古玉叔㺯

古玉垂花㺯

古玉圖譜第八十一冊目錄

薰燎部

古玉兕敦

古玉雁侯敦

古玉毛父敦

古玉剌公敦

古玉虔敦一

古玉虔敦二

古玉圖譜第八十二冊目錄

飲器部

古玉欲姬壺

古玉獸耳方壺

古玉絡圜壺

古玉圖譜第八十三冊目錄

飲器部

古玉麐壺

古玉鳳環瓶

古玉螭首瓶

古玉圖譜第八十四冊目錄

飲器部

古玉父庚爵

古玉父癸爵

古玉中爵

古玉祖丙爵

古玉素爵

古玉招父丁爵

古玉圖譜第八十五冊目錄

飲器部

古玉雷文斝

古玉雲雷斝

古玉蟠虁斝

古玉山斝

古玉饕餮斝

古玉父丁斝

古玉圖譜第八十六冊目錄

飲器部

古玉蔑敖鬲

古玉慧季鬲

古玉阜父丁盉

古玉三螭盉

古玉祖已甗

古玉蟠雲饕餮甗

古玉圖譜第八十七冊目錄

飲器部

古玉奕車觚

古玉山雷觚

古玉素圜觚

古玉小圜觚一

古玉小圜觚二

古玉山文觚

古玉圖譜第八十八冊目錄

飲器部

古玉夔龍尊

古玉師艅艎尊

古玉蜼尊

古玉高克尊

古玉犧尊一

古玉犧尊二

古玉圖譜第八十九冊目錄

飲器部

古玉象尊

古玉鳧尊

古玉匏尊

古玉蟬文巵

古玉螭首巵

古玉雲雷巵

古玉圖譜第九十冊目錄

飲器部

古玉犧首杯

古玉蟠桃杯

古玉龍觥

古玉圖譜第九十一册目錄

彝器部

古玉龜魚洗

古玉太師簠

古玉京叔簋

古玉圖譜第九十二冊目錄

彝器部

古玉象首罍

古玉雷文豆

古玉魚豆

古玉父貝觶

古玉立戈觶

古玉饕餮觶

古玉圖譜第九十三冊目録

彝器部

古玉啟匜

古玉文姬匜

古玉孟皇父匜

古玉圖譜第九十四冊目錄

音樂部

古玉圖譜第九十五冊目錄

音樂部

古玉圖譜第九十六冊目錄

音樂部

古玉腰鼓

古玉拍板

古玉阮咸

古玉胡琴

古玉琵琶

古玉圖譜第九十七冊目錄

陳設部

古青玉凭几 一

古玉圖譜第九十八冊目錄

陳設部

古玉普門大士天然像

古玉普賢大士像

古玉文昌梓潼帝君像

古玉南極壽星像

古玉太乙東皇宮像

古玉圖譜第九十九冊目錄

陳設部

古玉龍鳳彫文枕

古玉圖譜第一百冊目録
陳設部

古玉圖譜目錄終

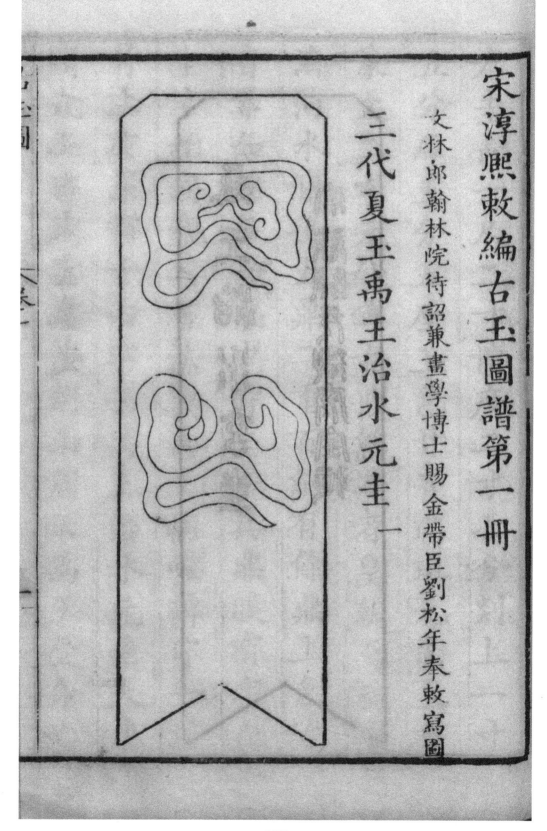

宋淳熙敕編古玉圖譜第一冊

文林郎翰林院待詔兼畫學博士賜金帶臣劉松年奉敕寫圖

三代夏玉禹王治水元圭一

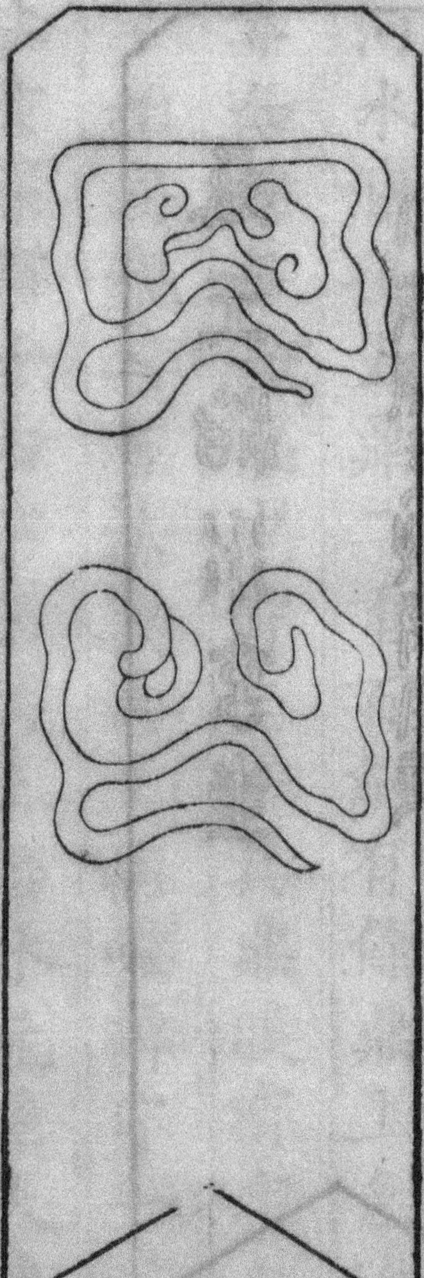

禹王治水玄圭

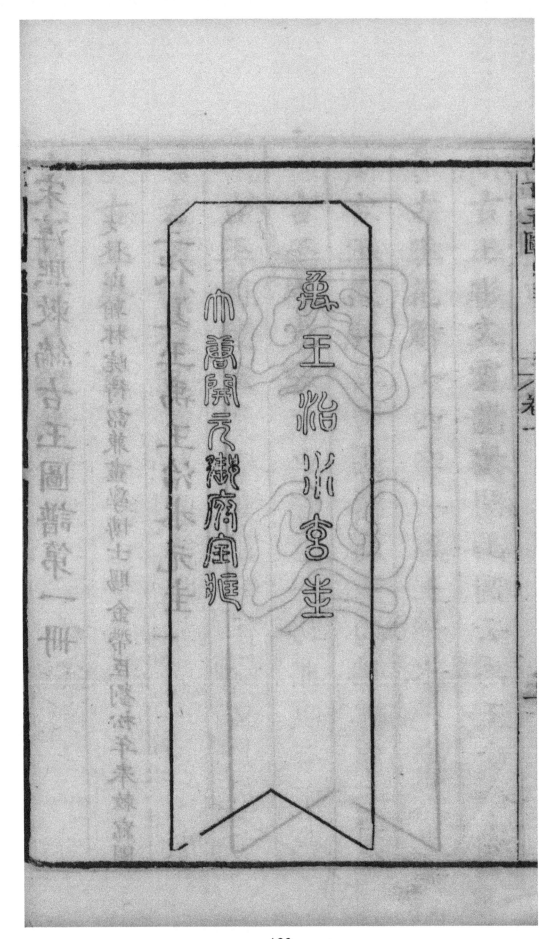

今藏開元鐵府寶廷

右圭長一尺二寸博廣二寸七分剡上一寸五分厚五分五厘玉色甘青瑀斑元赤上有篆文二字元妙醇古世無識者皇朝至和中濬河水涸得大鼎二重百觔有餘鼎上色古青翠如錦每一鼎中貯圭一具鼎腹有字與圭字相同觀其書法與禹王岣嶁碑字一同背上有篆書十四字云禹王治水元圭大唐開元御府藏臣謹按開山圖云禹王受命治

水元夷蒼水使者授以元圭上有文字始知九州高下得以疏導底勣功成之後即瘞此圭於名山不知此圭何年得入開元内府復淪于河必唐時治河以此圭鼎沈之以鎮壓云

三代夏玉禹王治水元圭 二

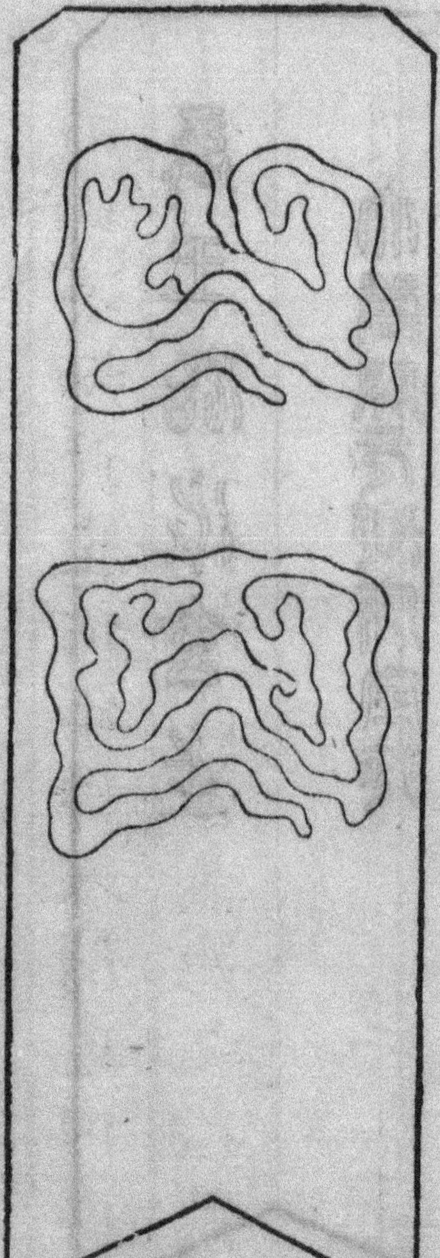

計二字闕疑無釋

禹王治水玄圭

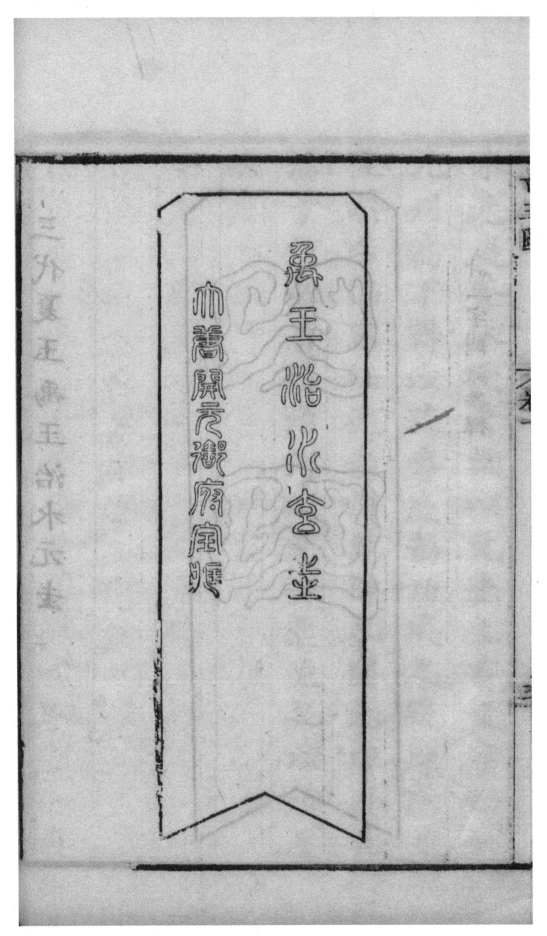

內書開元御府寶藏

右圭長短廣濶厚薄玉色同前但篆書稍異

丰背開元題字亦同茲不贅述

三代夏玉禹王古篆圭　一

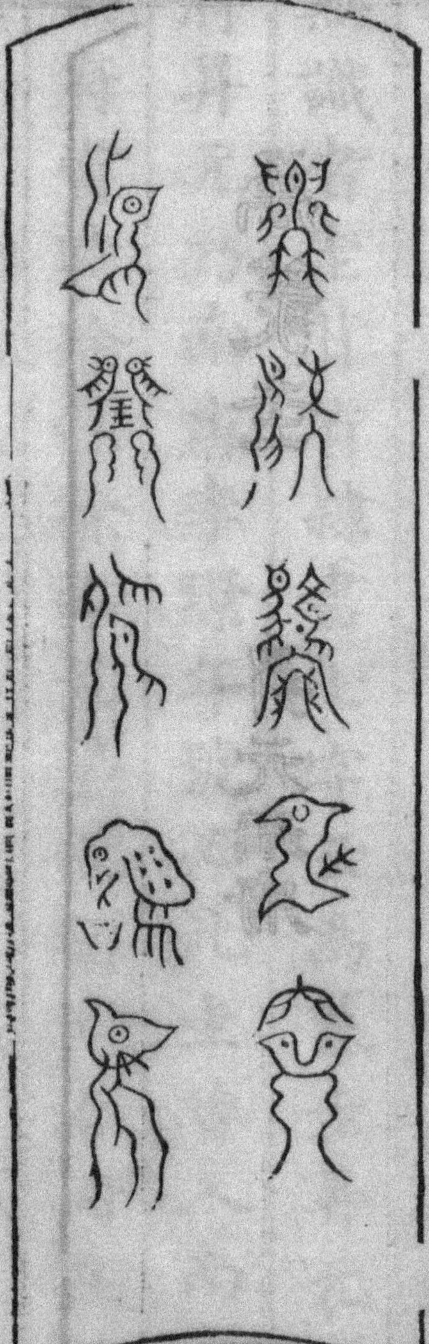

計十字闕疑無釋

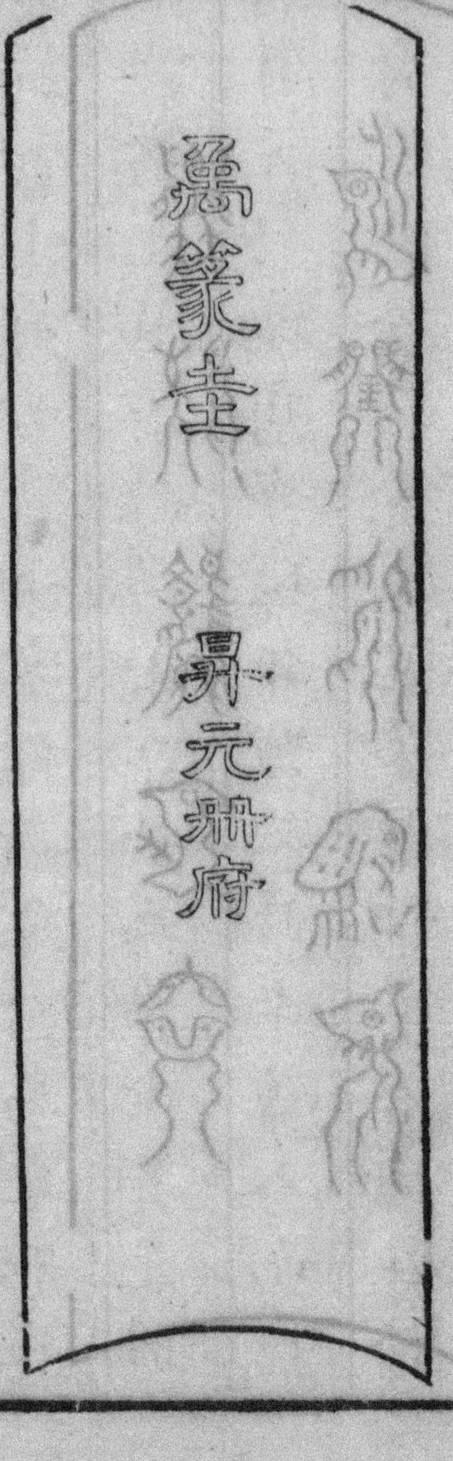
禹篆圭
昇元册府

右圭長九寸五分廣二寸七分剡上五分圓首凹足厚四分八厘玉色紺黃璊斑勻點如灑絳雪上有古篆十字作蟲魚禽鳥之形人無識者圭背有隸書七字云禹篆圭昇元冊府昇元乃南唐李璟年號必此圭曾入南唐内府當時徐鉉徐鍇兄弟最稱博洽同在翰林必有考據故敢於圭背刻字定為禹書云

臣謹按唐張懷瓘書斷云向在翰林見禹王

紀功鐘二枚字皆古篆所謂蟲魚禽鳥蛟腳鵲頭醇古無比後又見琱戈帶鉤等字俱填之以金咸有摹本今觀圭字正與帶鉤銘字一同知為禹書無疑

三代夏玉禹王古篆圭 二

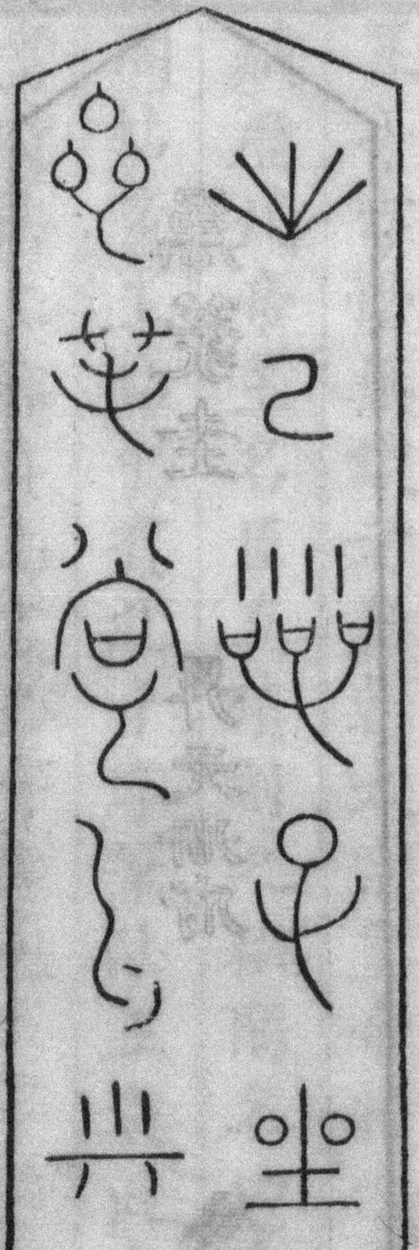

計十字九字闕疑無釋子字

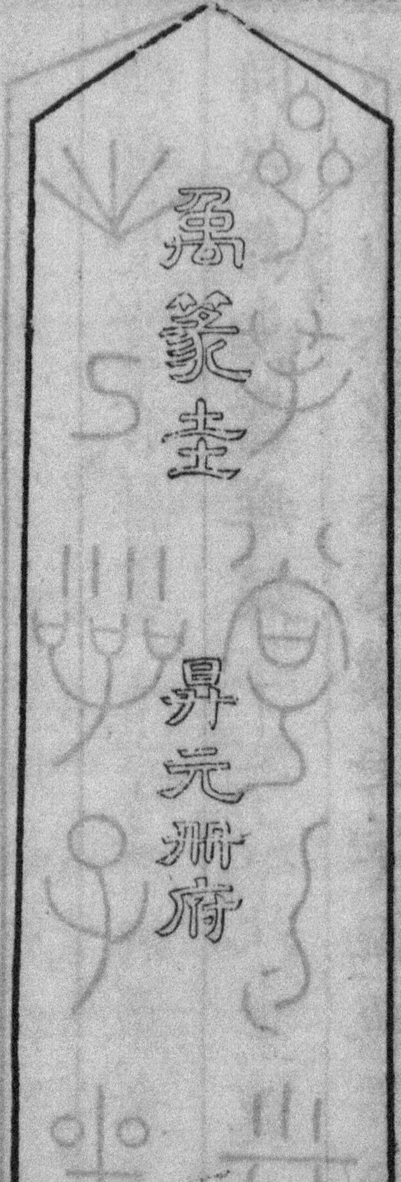
禹篆圭
昇元府

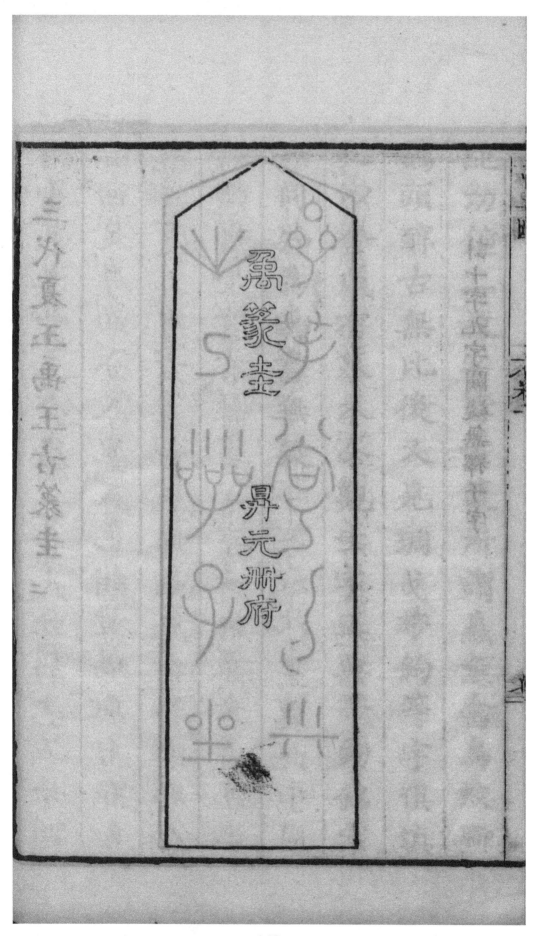

右圭長九寸五分濶二寸八分剡上一寸五分厚四分七厘玉色甘青瑞斑黄赤上有古篆十字惜無識者皇朝太宗皇帝將内府所藏歷代帝王名臣真蹟刻之秘閣名曰淳化閣帖帝王帖中有此十字筆法正與此圭同當時帖上標作禹書必有據也

三代商王吉玉圭 計二十一字

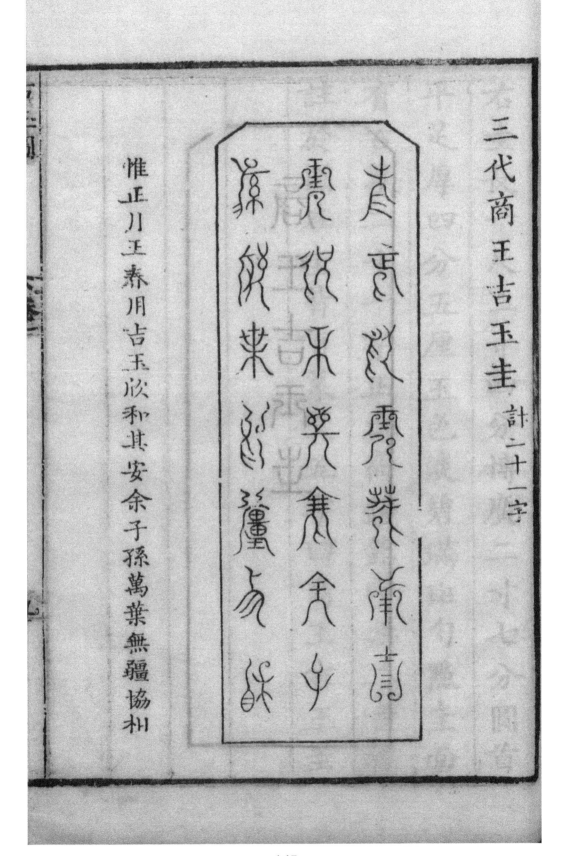

惟正月王春用吉玉欣和其安余子孫萬葉無疆協相

商王吉玉壺

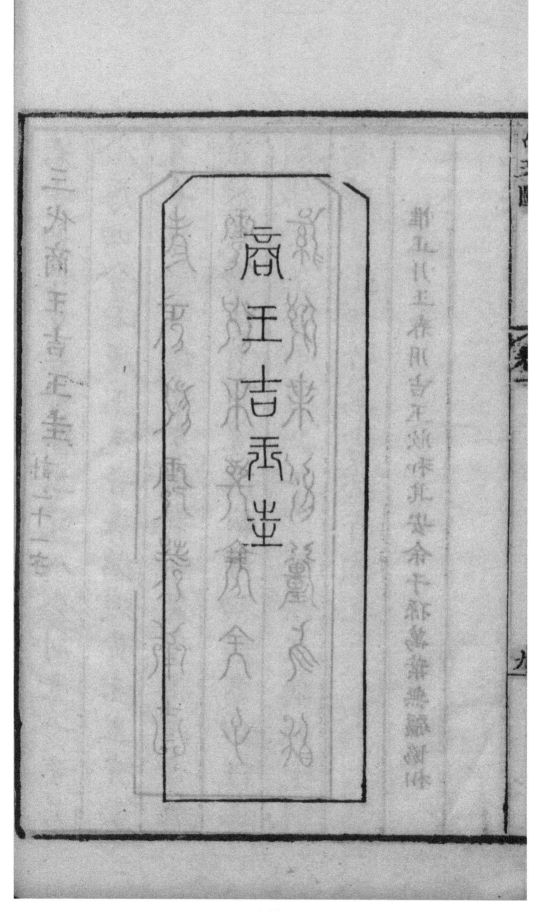

右圭長一尺二寸四分博廣二寸七分圓首平足厚四分五厘玉色淡碧璊斑勻點圭面有古篆二十一字正與商鐘銘字無二音釋註於圖左圭背有篆文五字曰商王吉玉圭

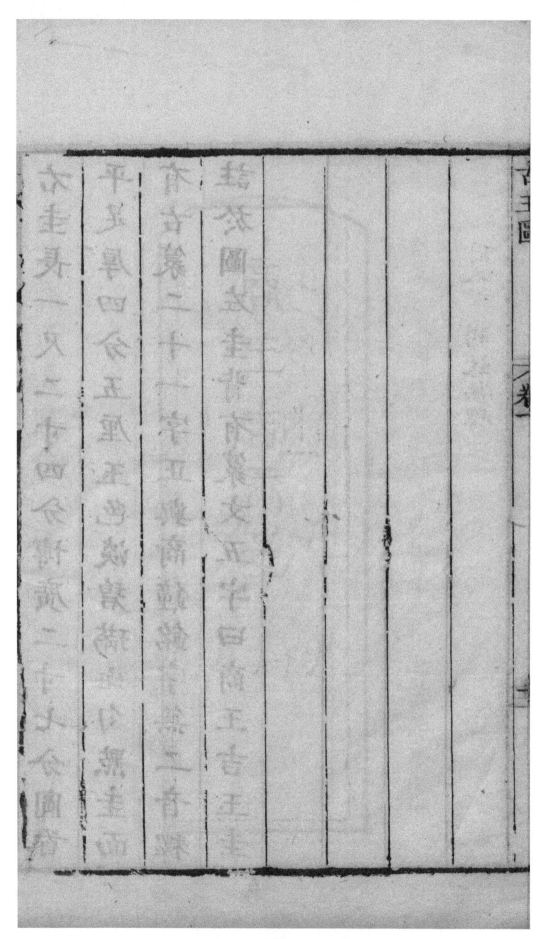

三代商玉古篆圭

計八字闕疑無釋

商篆圭

梁太清御府藏

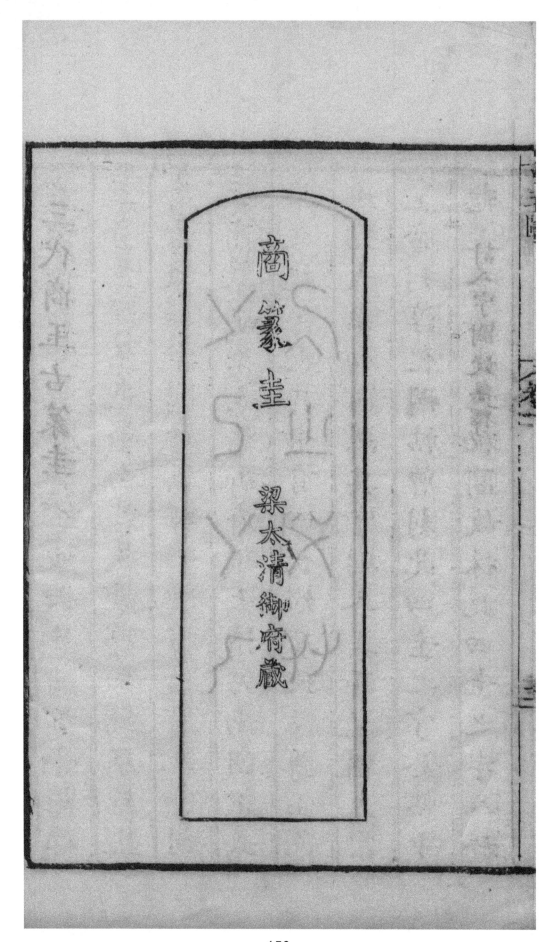

右圭長九寸五分廣二寸六分圓首平足厚
五分三厘玉色瑩白苔花暈碧如鋪翠錦上
有古篆八字闕疑無釋圭背有楷書九字刻
云商篆圭梁太清御府藏太清乃南朝梁武
帝之紀年也其圭有四長短廣狹厚薄玉色
斑玷大率相同然其字則各異耳皇朝太宗
皇帝刊淳化閣帖曾刻此四圭之字於帖中
想此圭必先入秘閣故採此四圭之字入於

帝王書蹟中云

宋淳熙敕編古玉圖譜第一冊 終

古玉圖譜

二

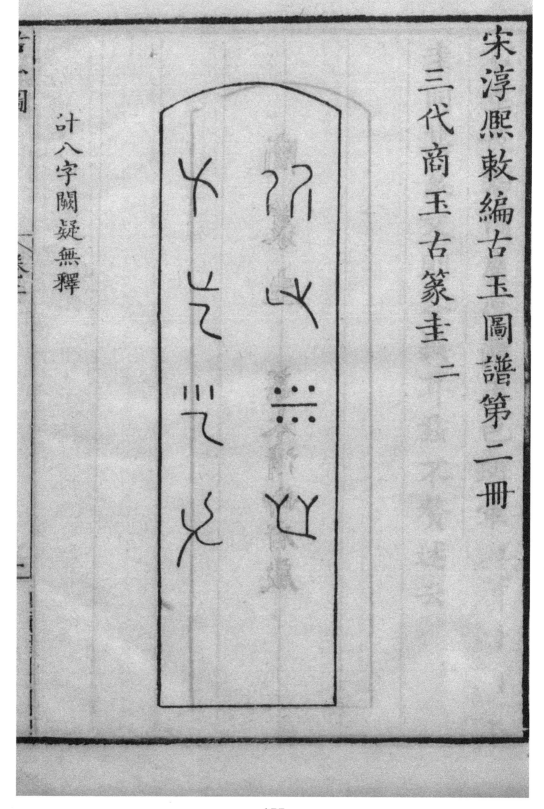

宋淳熙敕編古玉圖譜第二冊

三代商玉古篆圭 二

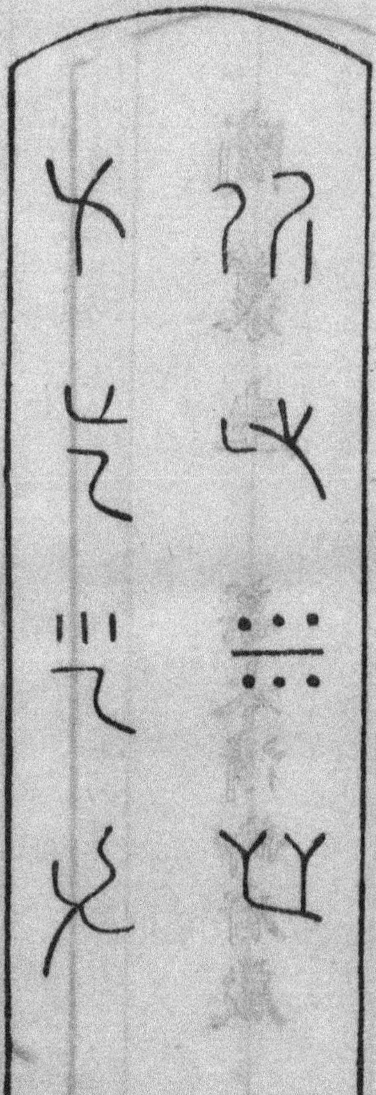

計八字闕疑無釋

商篆圭
祭太清御府藏

右圭長短博廣厚薄玉色斑暈與前冊商篆

圭同其篆文則各異耳兹不贅述云

三代商玉古篆圭 三

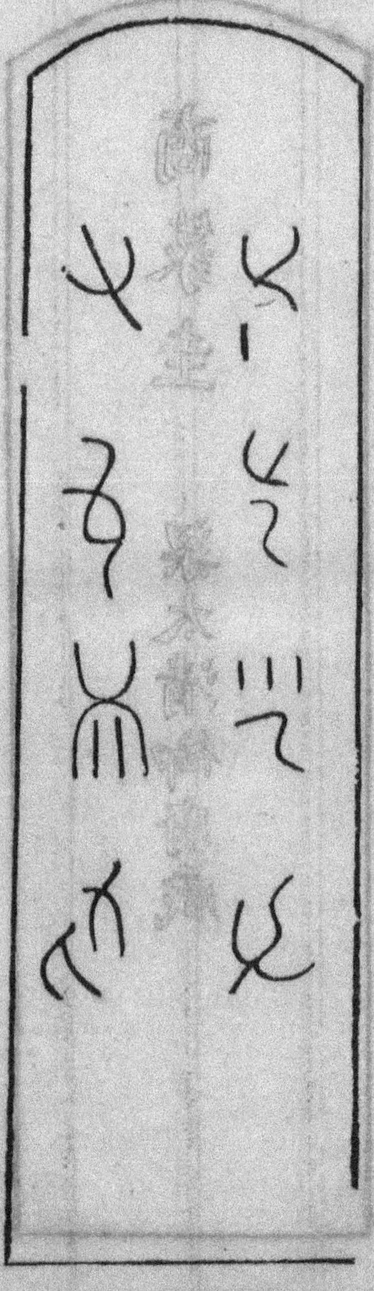

計八字闕疑無釋

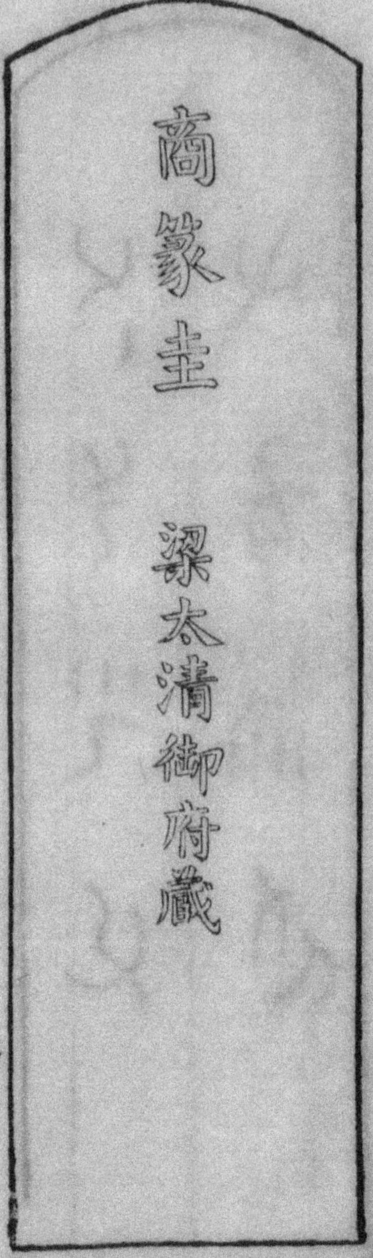
商篆圭
梁太清御府藏

右圭長短博廣厚薄玉色斑暈與前二圭相同篆文各異其圭字製度已見前説兹不再述

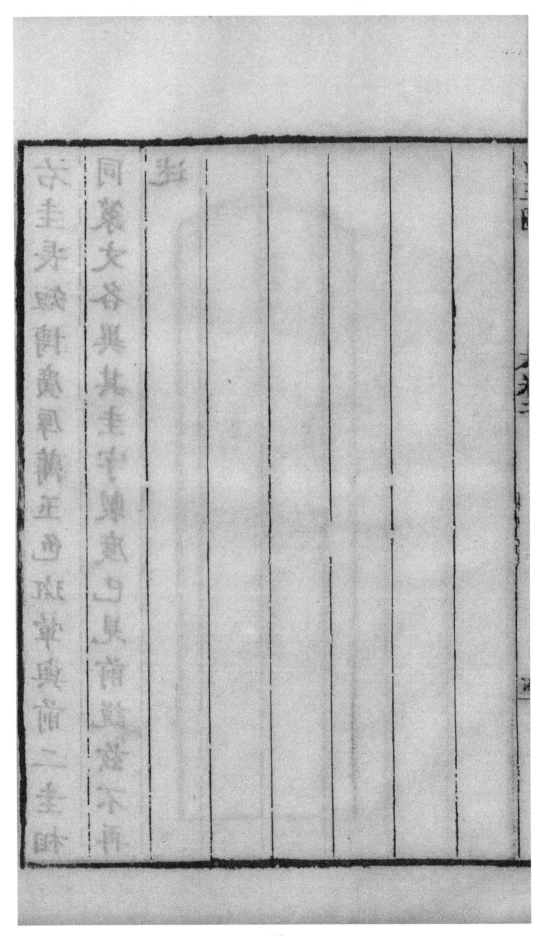

三代商玉古篆圭

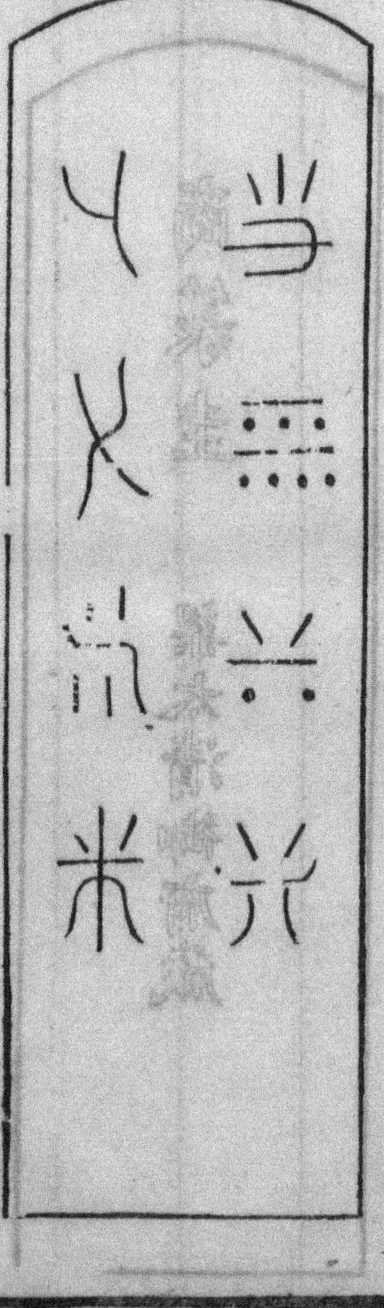

計八字闕疑無釋

商篆圭
梁太清御府藏

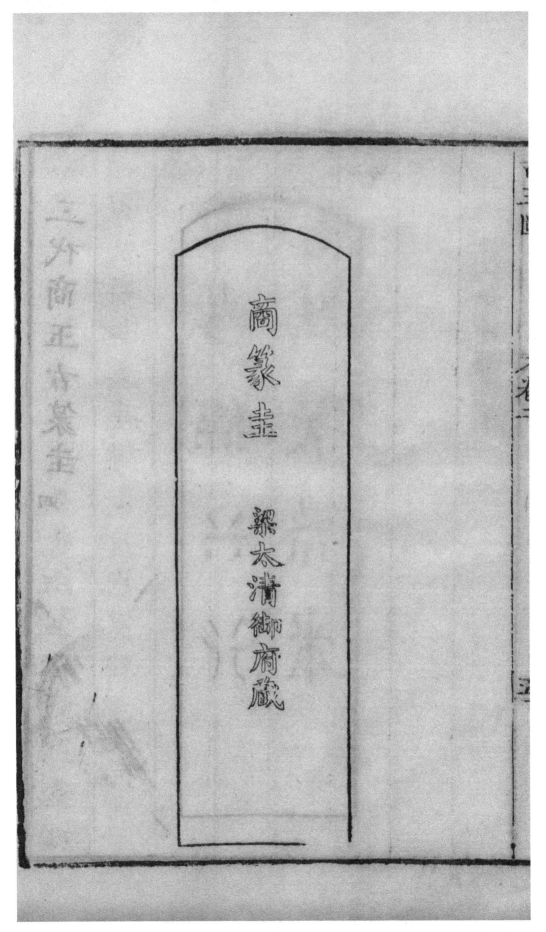

右圭長短博廣厚薄玉色斑暈與前三圭相
同而篆文則異其說已具兹不贅述

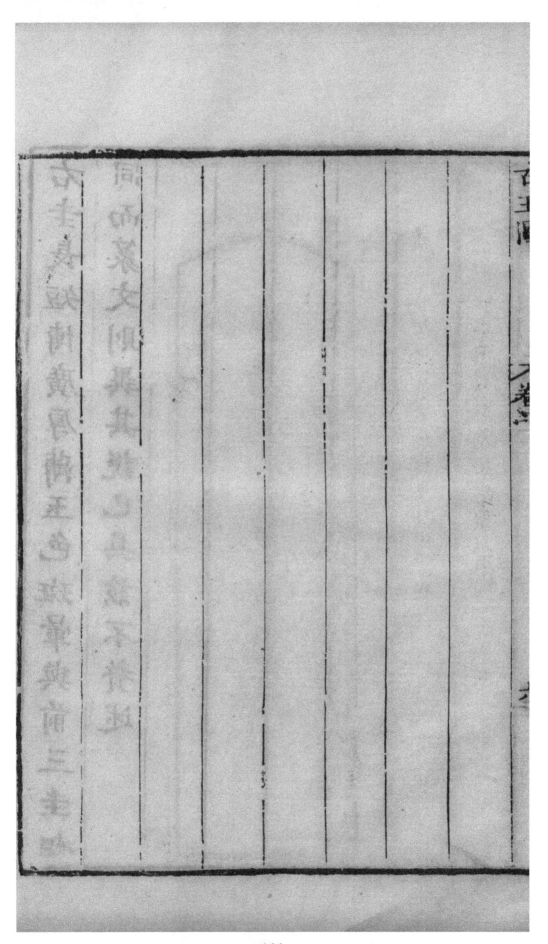

三代周玉百祀圭 計三十四字

庚午王命寢廟辰見北田四品

十二月作冊友史錫賴貝用作

寶珪惟王百祀世昌 五 五

右圭長一尺二寸四分博廣二寸八分刻上一寸五分厚四分七厘玉色瑩白瑞斑與苔花勻布圭上有篆文三十四字音釋甚明背上刻楷書九字云周王百祀圭貞觀内府貞觀乃唐太宗年號太宗深於書法如歐虞褚薛輩俱工翰墨當時咸在禁林必加考索故敢刻于圭背觀其篆文蒼勁醇古迥非秦漢已來所能者也

三代周玉桓圭一 無銘

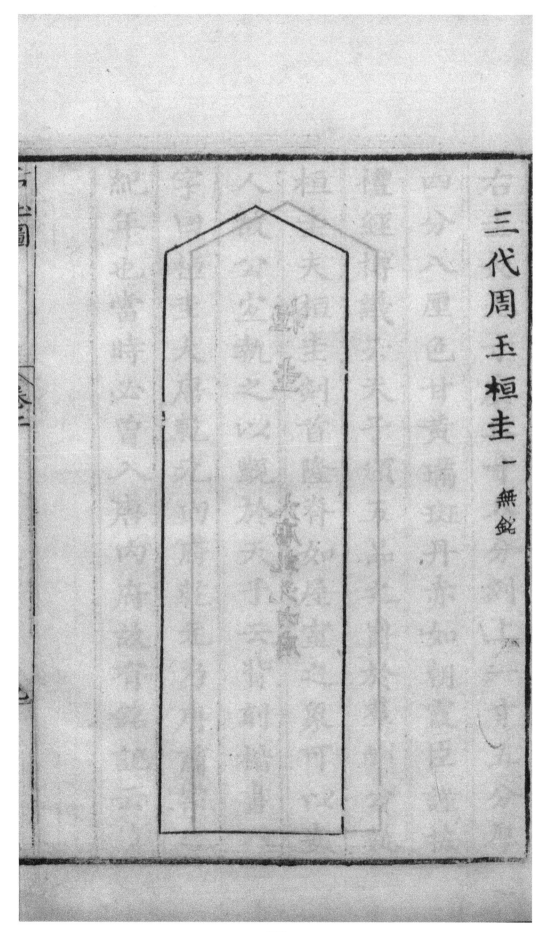

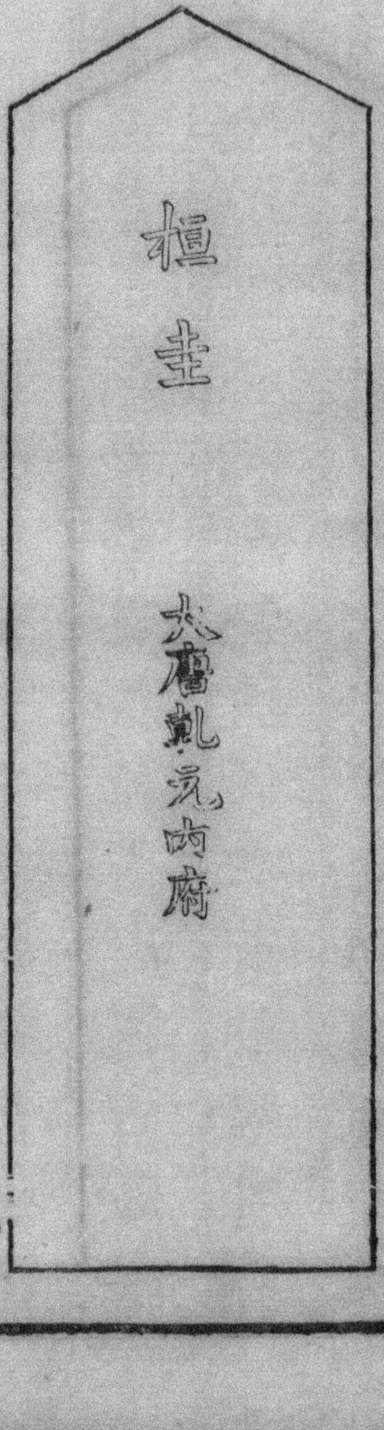
桓圭
大曆乾元內府

右圭長九寸廣二寸八分剡上一寸五分厚四分八厘色甘黃璊斑丹赤如朝霞臣謹按禮經博議云天子頒五品之爵於羣輔公執桓圭夫桓圭剡首隆脊如屋室之象可以安人故公宐執之以覲於天子云背刻楷書八字曰桓圭大唐乾元内府乾元乃唐肅宗之紀年也當時必曾入唐内府故有銘記云

[illegible]

子曰[illegible]大人[illegible]乾元[illegible]

人攻以治執之以[illegible]天人于以其制精書入

極至天極主制有[illegible][illegible]為處言之美可以[illegible]

禮經博識云天子所至品之關於本朝注地

四分入匣色甘黄瑞斑丹赤如朝霞已[illegible][illegible]

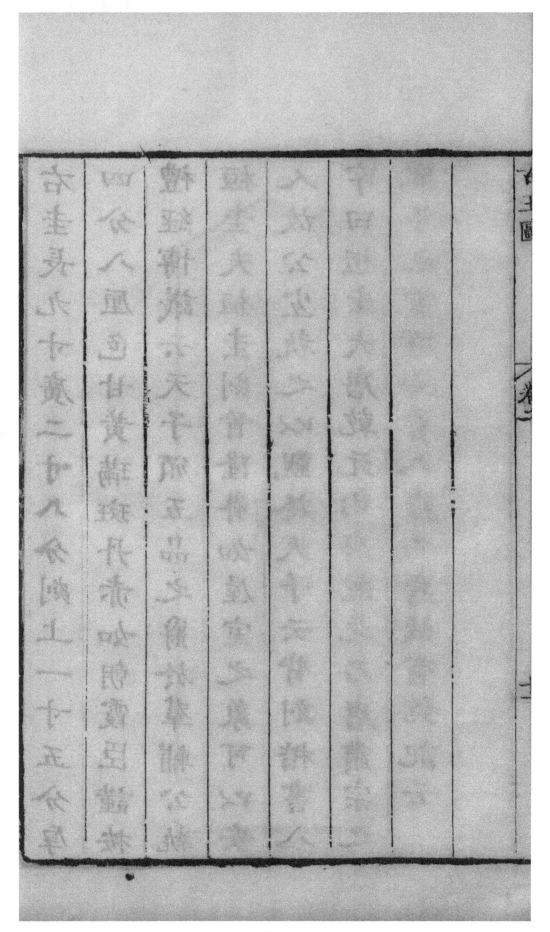

右圭長九寸廣三寸八分剡上一寸五分厚

三代周玉桓圭二　無銘

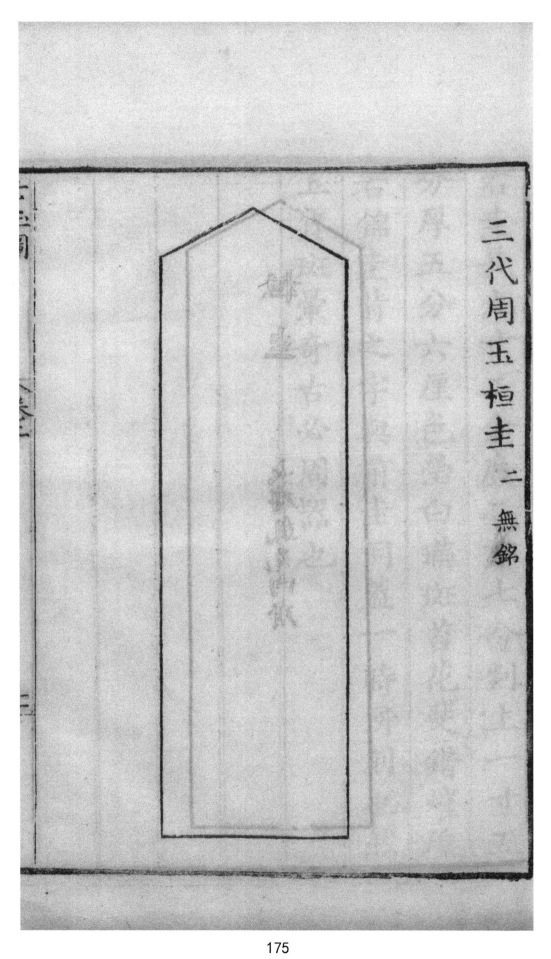

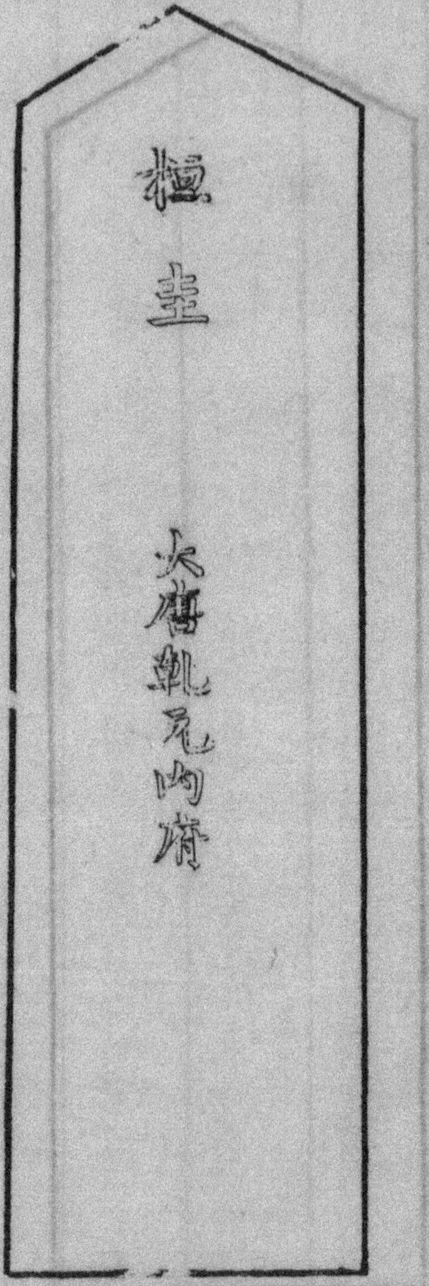
桓圭
大唐執元內府

右圭長九寸二分廣二寸七分剡上一寸五分厚五分六厘色瑩白璊斑苔花斐錯熣煌若錦圭背之字與前圭同蓋一時所刻也然玉質斑暈奇古必周器也

宋淳熙敕編古玉圖譜第二冊 終

宋淳熙敕編古玉圖譜第三冊

三代周玉鎮圭一

無銘

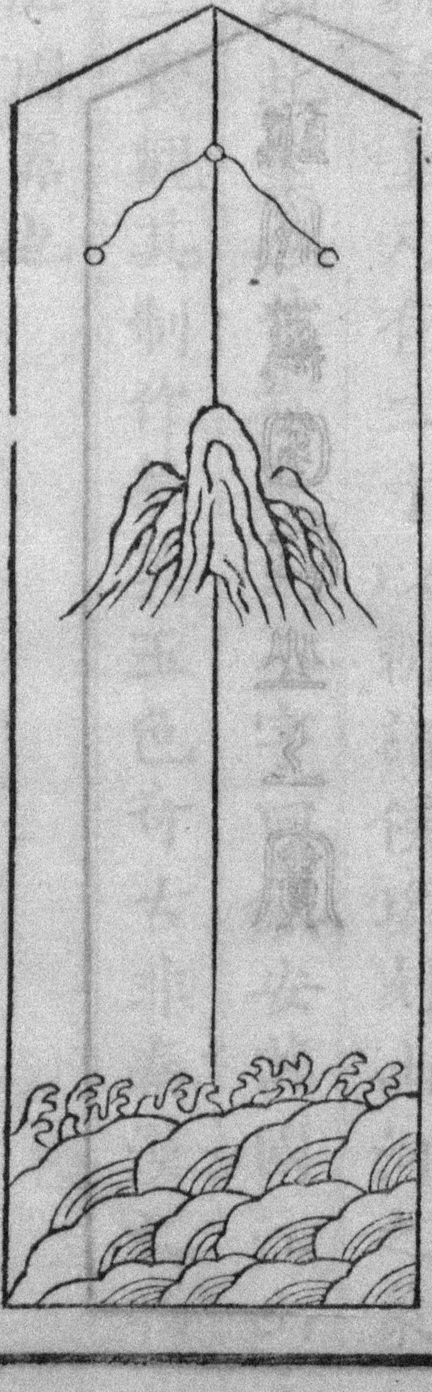

鎮安萬國江山之寶

右圭長一尺二寸四分廣三寸剡上一寸六分厚五分五厘色甘青璊斑匀布如灑金粟瑑刻三台斗極山河之形臣按禮經云大子執鎮圭尺有二寸以朝諸侯瑑刻山河之象即此圭也背有篆文八字曰鎮安萬國江山上寶觀其制作華美玉色奇古非秦漢之物必周器也

必周器也

上實觀其制作華美玉色亦古非秦漢之物

即此圭也孔有篆文八字曰鎮安萬國江山

執鎮圭尺有二寸以朝諸侯緣刻山河之泉

緣刻三台斗極山河之文形臣按禮經云天子

分厚五分五厘色甘青瑞斑分布如灑金粟

右圭長一尺三寸四分廣三寸剡上一寸六

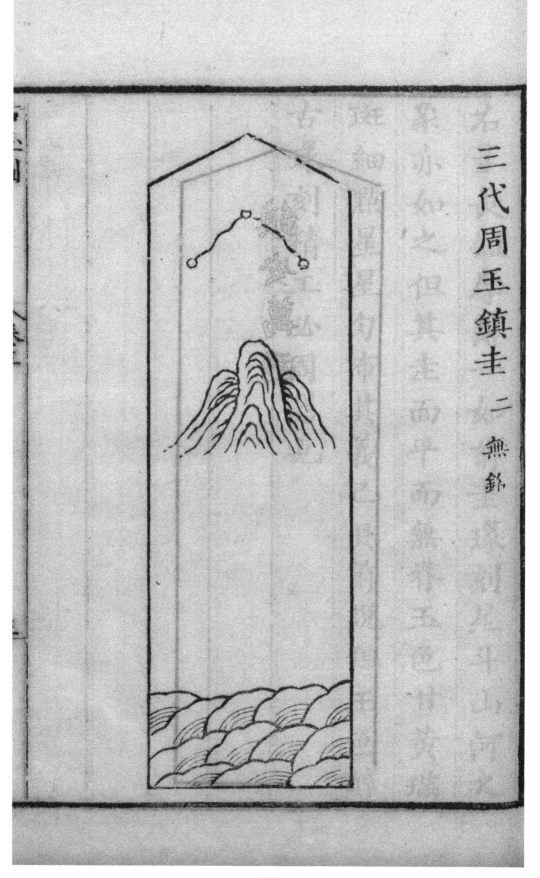

三代周玉鎮圭 二 無銘

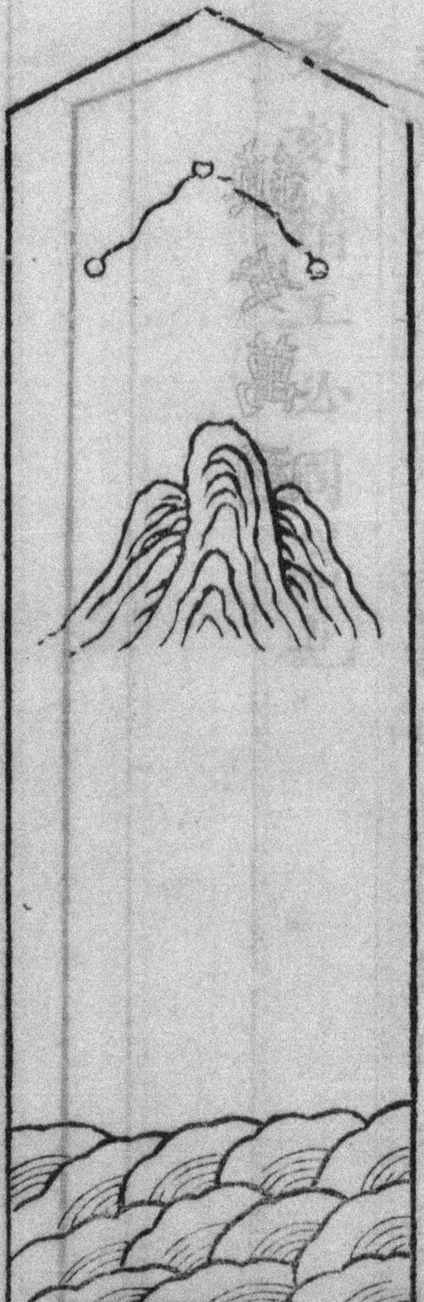

鎮安萬國

右圭長短厚薄一如前圭瑑刻星斗山河之象亦如之但其圭面平而無脊玉色甘黄璊斑細點星星匀布其義已具前説但玉色醇古瑑刻精工必周器也

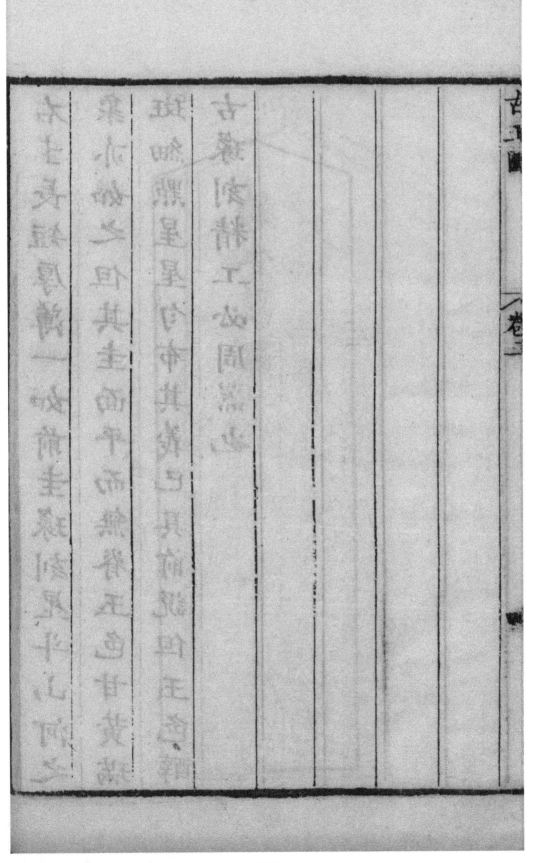

三代周玉鎮圭 三 無銘

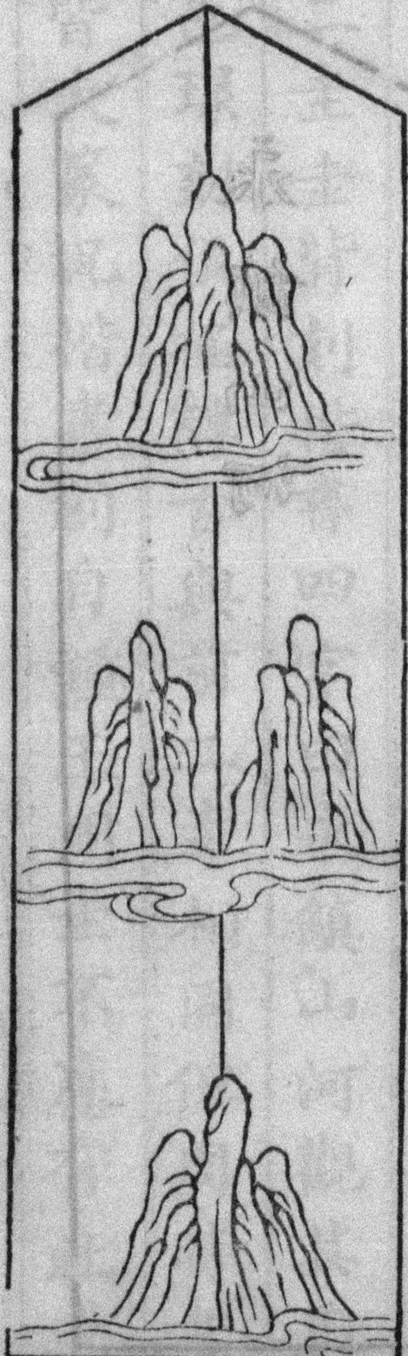

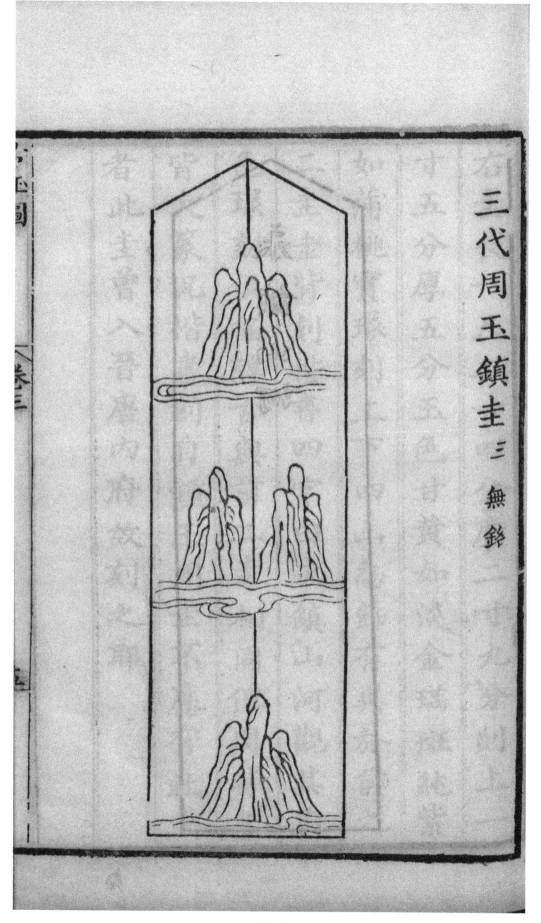

三代周王五鎮圭

右圭長一尺二寸四分廣二寸九分刻上一寸五分厚五分玉色甘黄如淡金璊斑純紫如蒲桃實瑑刻上下四山為飾有異於前之二圭圭背刻楷書四字曰永鎮山河觀其玉色瑑刻俱極醇古與前二圭相同但周時書皆大篆況楷書創自鍾王周圭不應有此或者此圭曾入晉唐内府故刻之耶

豈此圭曾入晉唐内府故刻之耶
晉大家況楷書創自鍾王漢圭不應有此款
色篆刻俱極醇古與前二圭相同但周時書
二圭圭背刻楷書四字曰永鎮山河觀其玉
如蒲紋質瑑刻上下四山為飾有異於前二
寸五分厚五分玉色甘黄如淡金璊瑕純粹
右圭長一尺三寸四分廣二寸九分剡上一

三代周玉鎮圭 四 無款

三代周玉鎮圭 四 無款

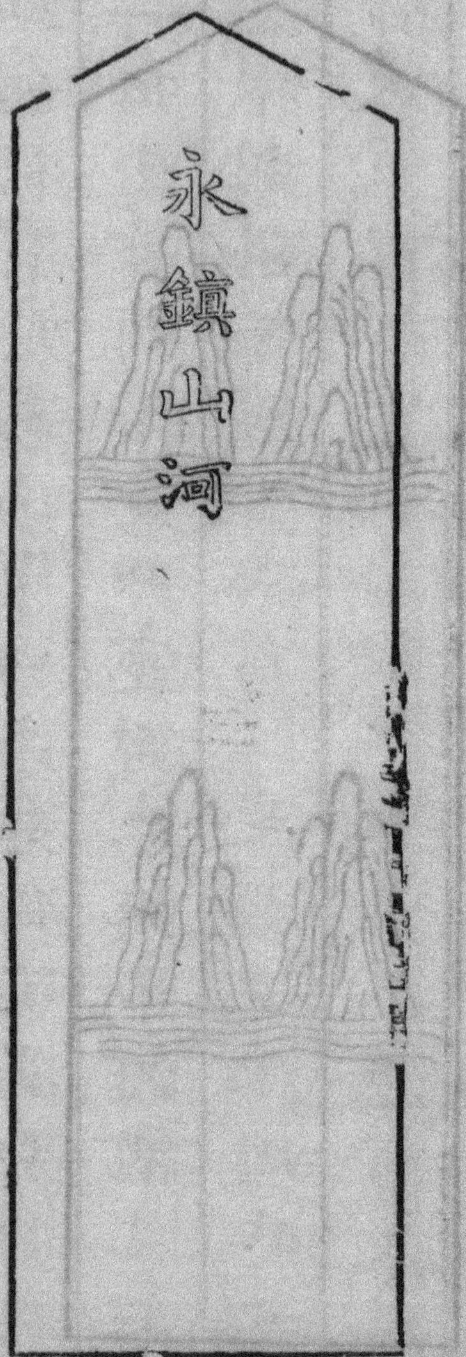

右圭長短廣濶厚薄與前第二圭同玉色甘青無瑕璪刻四山為飾稍與前圭有異且面無脊背刻楷書四字曰永鎮山河亦與前圭同制度古朴玉色純良定為周器楷書之刻必晉唐所為也

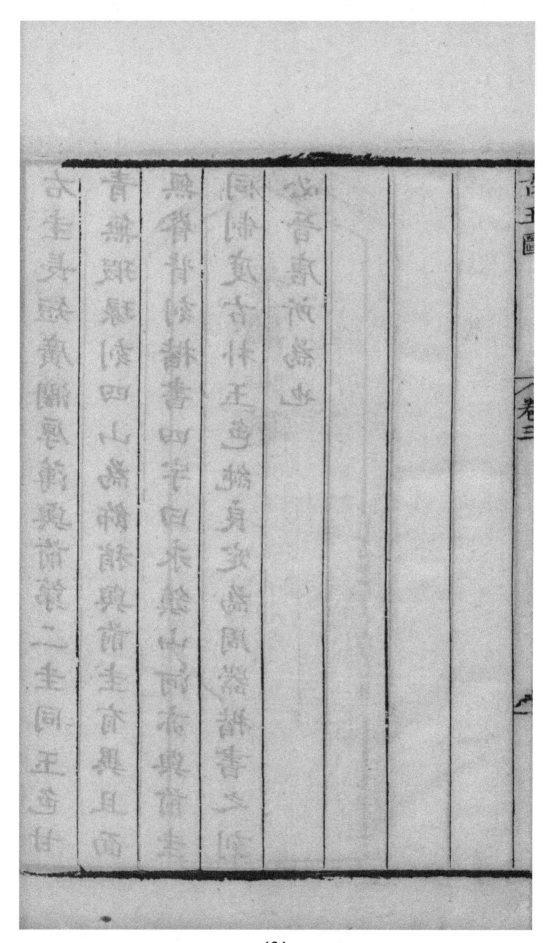

三代周玉黻圭一

銘一字

黻

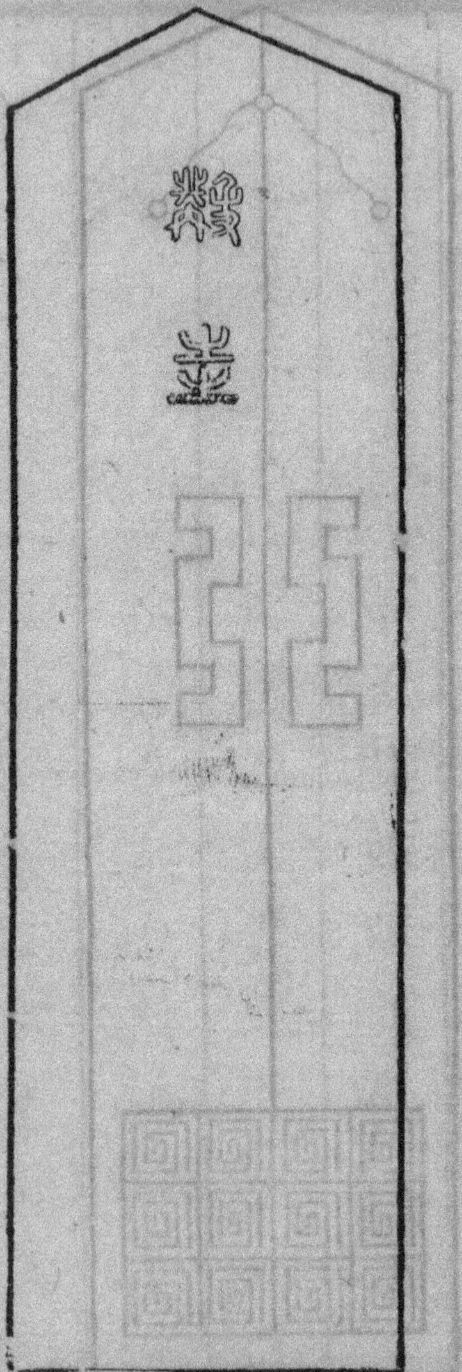

右圭長九寸五分博廣二寸八分剡上

六分厚五分玉色甘青瑩澈無瑕瑑刻台斗

黻字雷文為飾臣謹按禮經云天子負扆而

朝戴黻聽政故繡於帷裳之上為飾博古圖

云凡鼎彝尊罍有雲雷之文者取能澤物之

義也今此有之欲帝王聽政執此將以德澤

惠人也

三代周玉瓛圭二　銘一字

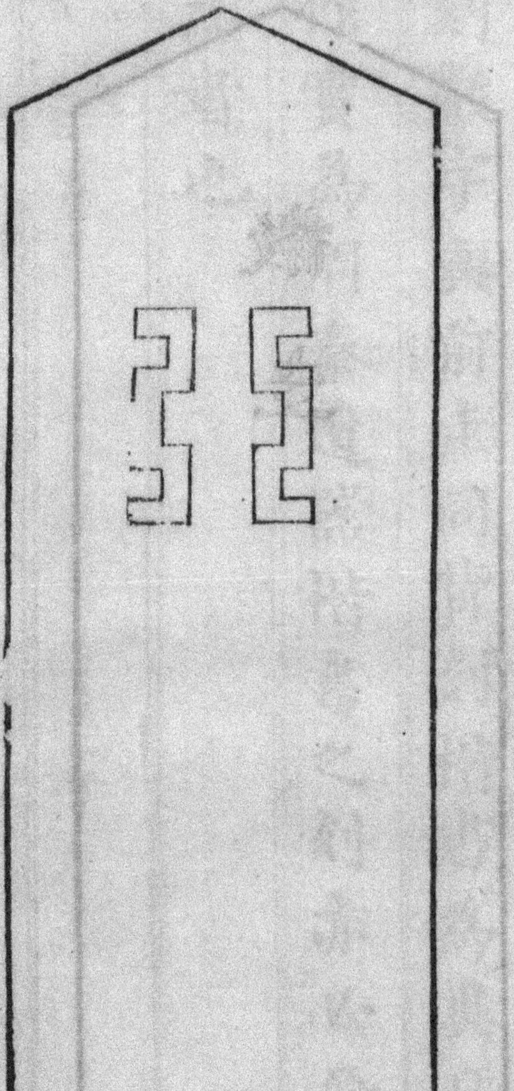

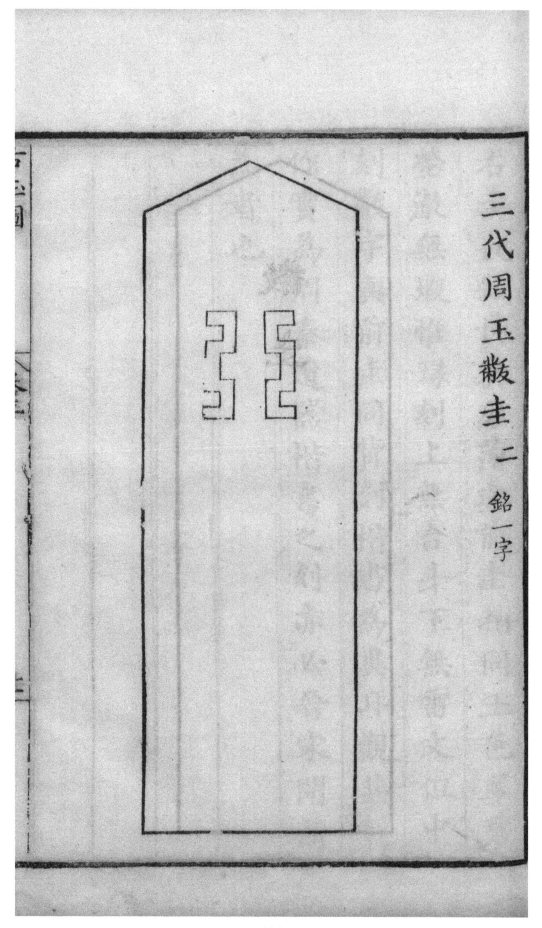

徵

右圭長短博廣厚薄與前圭相同玉色翠碧瑩澈無瑕惟琢刻上無台斗下無雷文但中刻篏字與前圭同背刻楷書為異耳觀其製作實為周秦遺器楷書之刻亦必晉宋間所為者也

宋淳熙敕編古玉圖譜第三冊 終

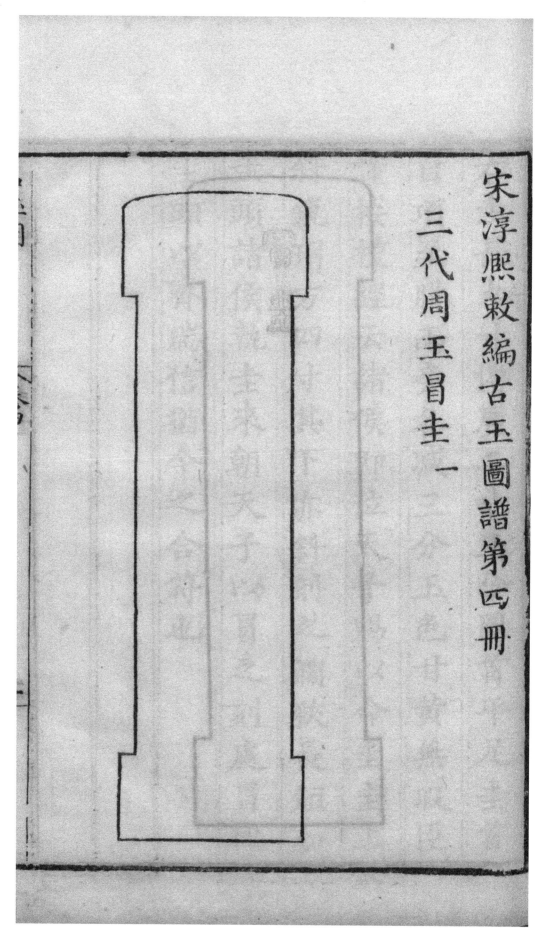

宋淳熙敕編古玉圖譜第四冊

三代周玉冒圭一

三代周王冒圭一

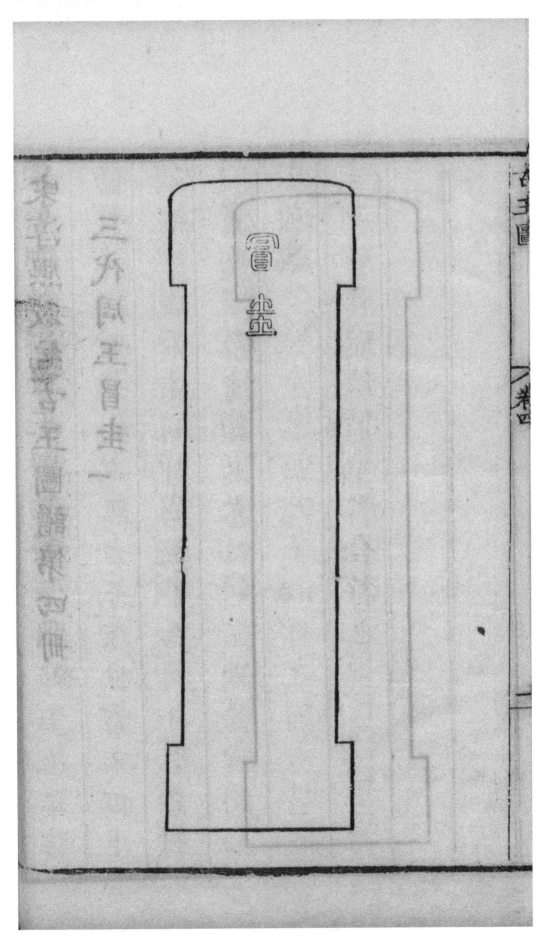

右圭長九寸博廣二寸五分圓首平足圭首
自項至腓兩旁各減三分玉色甘黄無瑕臣
謹按禮經云諸侯即位天子賜以命圭圭上
斜鋭瑁方四寸其下亦斜刻之濶狹長短如
圭頭諸侯執圭來朝天子以冒之刻處冒彼
圭頭以齊瑞信猶今之合符也

三代周玉冒圭二

無銘

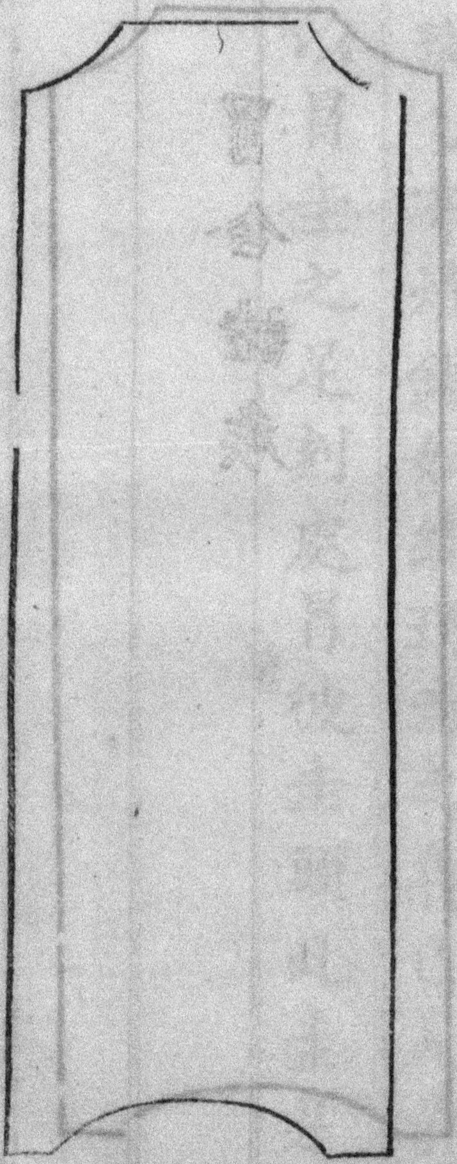

冒會諸侯

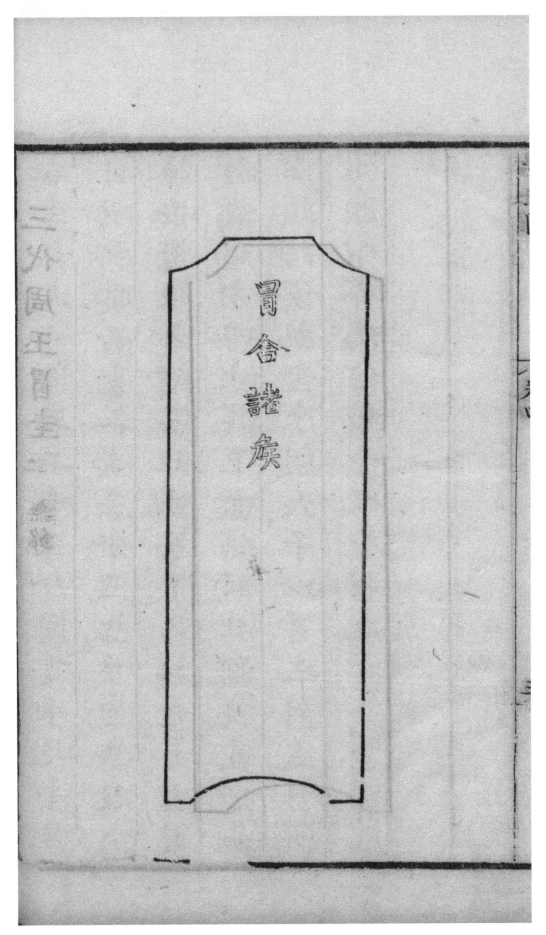

右圭長九寸五分博廣二寸七分剡上一寸一分厚四分九厘斜刻其足玉色甘青苔花與璊斑勾布燿錯如繡瑁圭之義已見前說所謂以冒圭之足刻處冒彼圭頭此圭是也

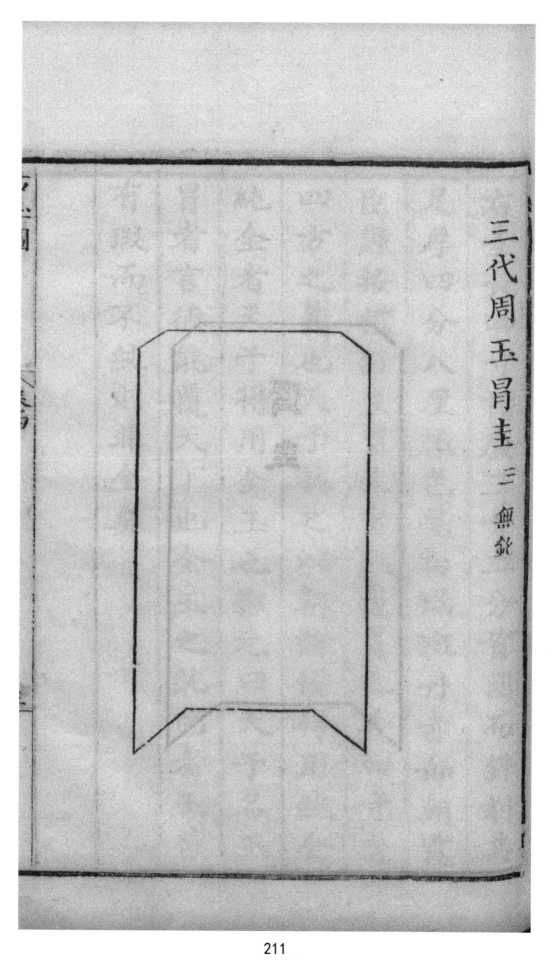

三代周玉冒圭 三 無欵

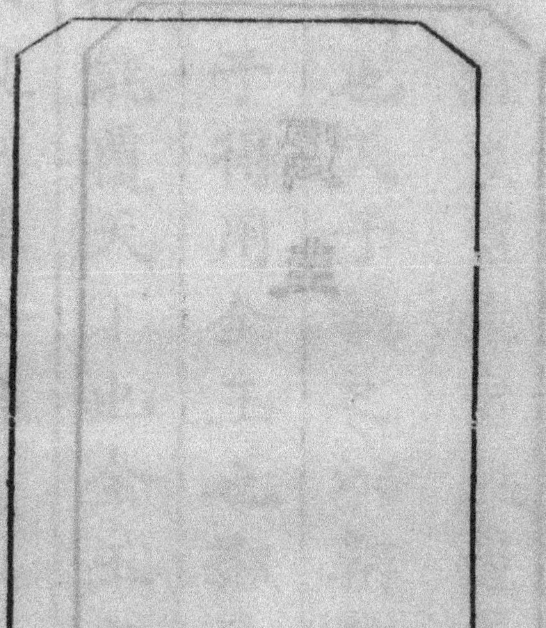

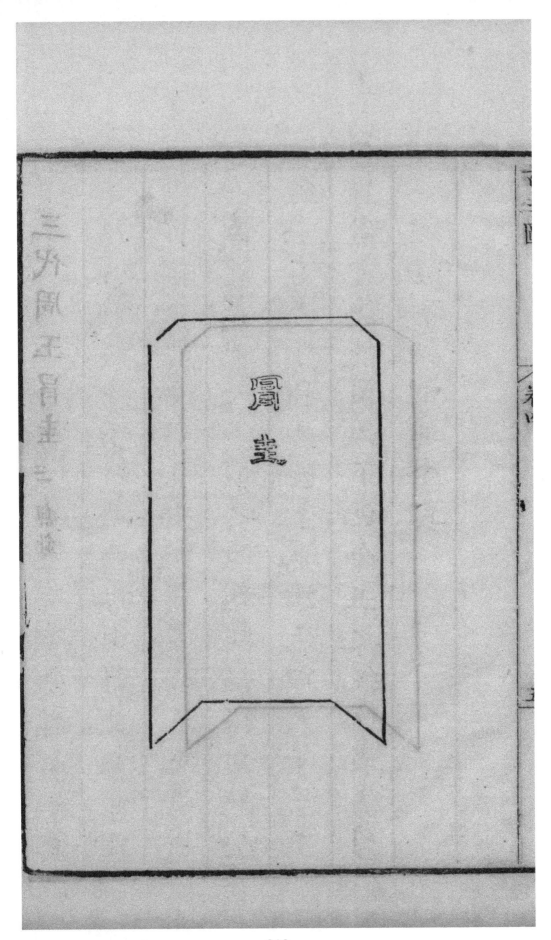

右圭長四寸博廣三寸二分首圓而斜刻其足厚四分八厘玉色瑩白璊斑丹赤如朝霞

臣謹按禮經云冒圭者取覆冒之義四寸者四方之義也天子執之以朝諸侯得用純全純全者天子得用全玉也鄭元曰天子名玉冒者言德能覆天下也全玉之純色者玉苟有瑕而不純則非全矣

有服而不純則非全矣
冒者言德能覆天下也全玉之純色者玉藻
純全者天子得用全玉也鄭元曰天子合玉
四方之義也天子執之以朝諸侯特用純全
臣謹按韓詩云冒其首故覆冒之義四寸者
以尊四分入厘玉色黝白端班丹赤如朝霞
右圭長四寸博廣三寸二分首圓而斜刻其

三代周玉球圭一

無銘

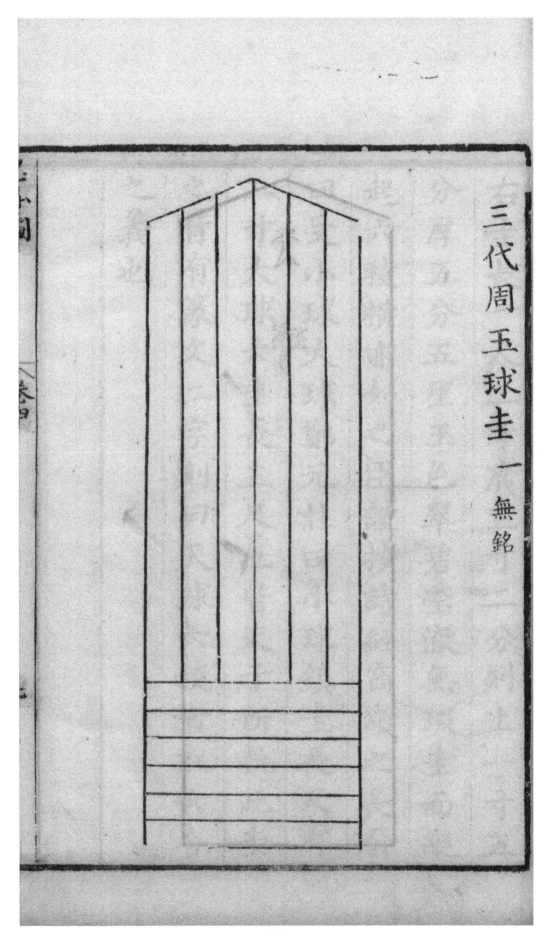

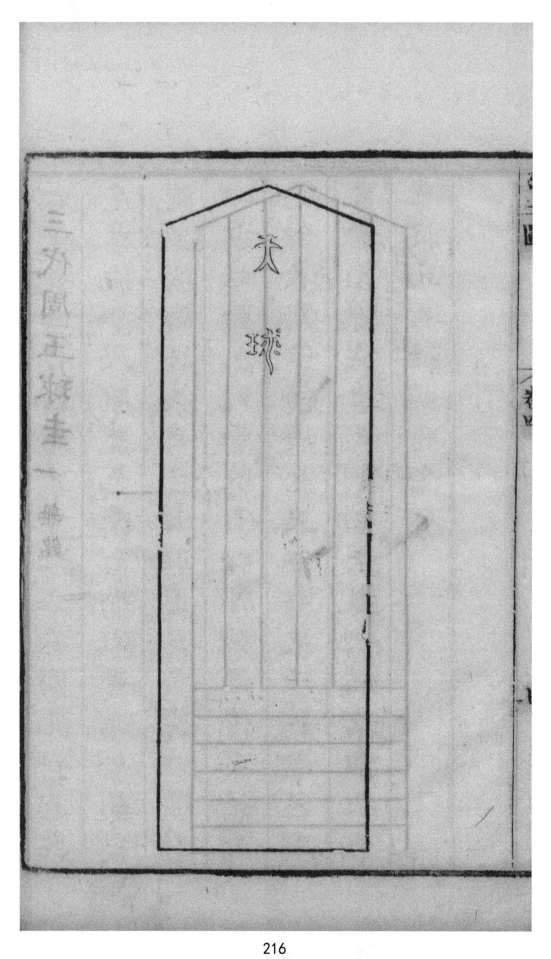

右圭長一尺二寸廣三寸二分刻上一寸五分厚五分五厘玉色翠碧瑩澈無瑕圭面縱起六稜横亦如之臣謹按詩經商頌之長發曰受小球大球鄭元註曰小球鎮圭長尺有二寸大球大圭長三尺也皆天子所執此圭之背有篆文二字刻曰天球六稜者取六合之義也

之義也

之所有篆文三字則曰天球大璧若取六合

三寸大球大圭長三尺也皆天子所執此圭

曰交小球大球鄭元註曰小球鎮圭長尺有

北六玻搢於紳之臣謹按許慎說文以大長祭

分厚五分五厘玉色翠碧瑩瀲無瑕圭面繪

右圭長一尺三寸廣三寸二分剡上一寸五

三代周玉球圭二 無銘

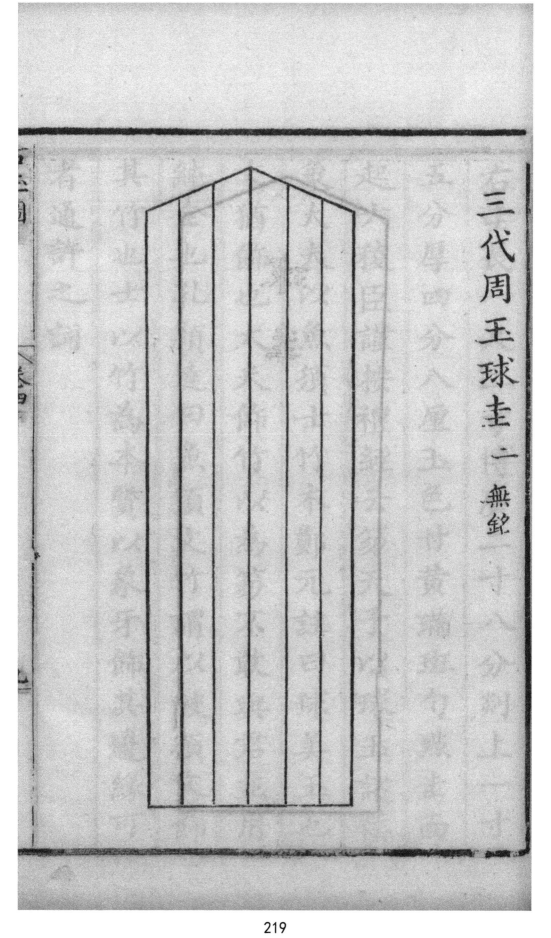

球圭

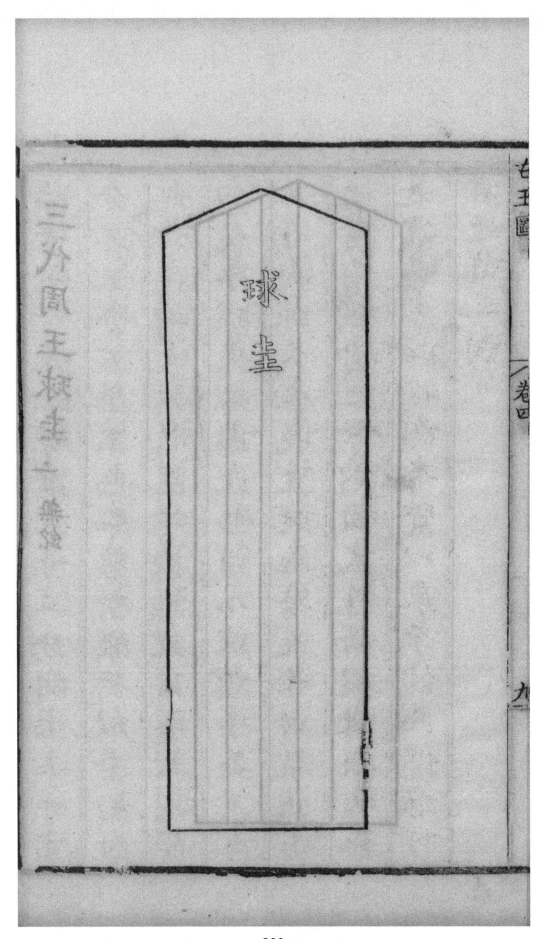

右圭長一尺二寸博廣二寸八分剡上一寸五分厚四分八厘玉色甘黃璊斑勻點圭面起六稜臣謹按禮經云笏天子以球玉諸侯象大夫以魚須士竹本鄭元註曰球美玉也文猶飾也大夫飾竹以為笏不敢與君並用純全也孔穎達曰魚須文竹謂以鮫須文飾其竹也士以竹為本質以象牙飾其邊緣可者通許之詞

者通許之詞
其竹也士以竹爲本質以象牙飾其邊緣可
飾以金也孔穎達曰魚須文竹謂以魚須飾文
文猶飾也大夫飾竹以爲物不敢與君並用
象大夫以魚須士竹本象元註曰球美玉也
延大夫樸臣謹按禮經云天子以球玉諸侯
五分厚四分八厘五色甘黄瑞斑勾點圭而
古圭長一尺三寸博廣三寸八分剡上一寸

三代周玉琬圭　無銘

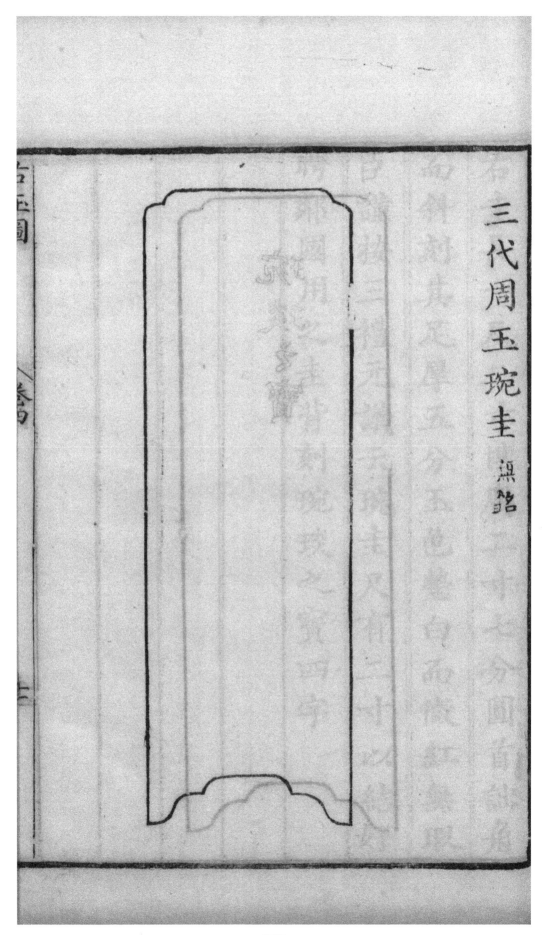

三代周王琬圭款識

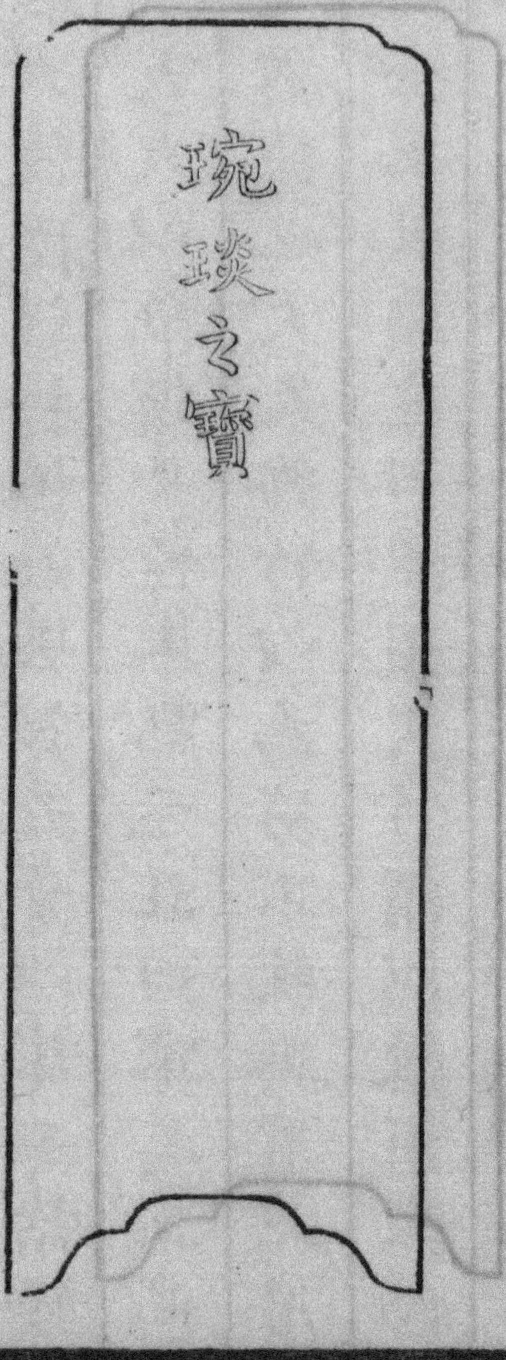

右圭長一尺二寸博廣二寸七分圓首詘角
而斜刻其足厚五分玉色瑩白而微紅無瑕
臣謹按三禮元議云琬圭尺有二寸以結好
聘鄰國用之圭背刻琬琰之寶四字

宋淳熙敕編古玉圖譜第四冊終

宋淳熙敕編古玉圖譜第五冊

三代周玉穀圭一

無銘

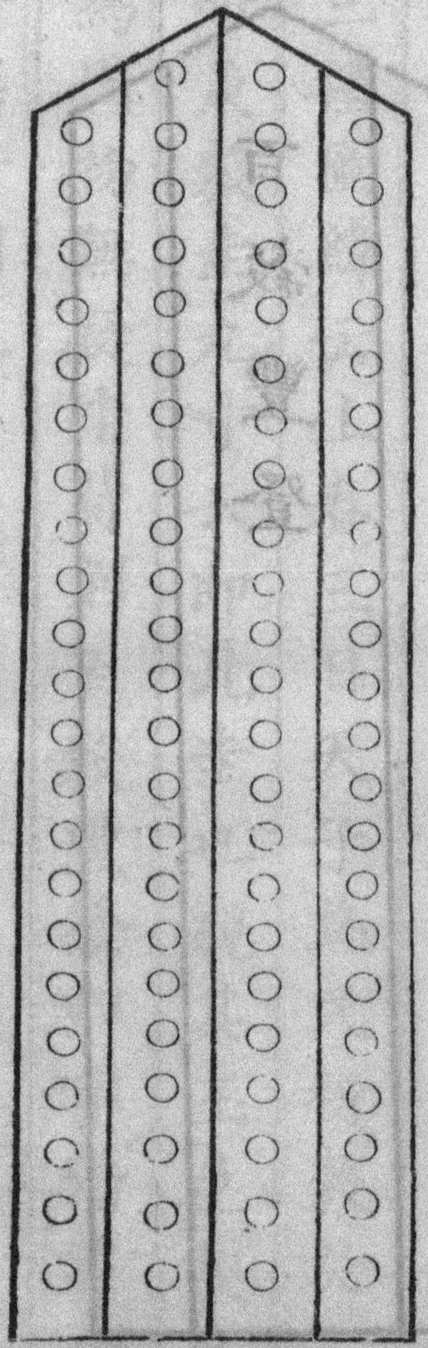

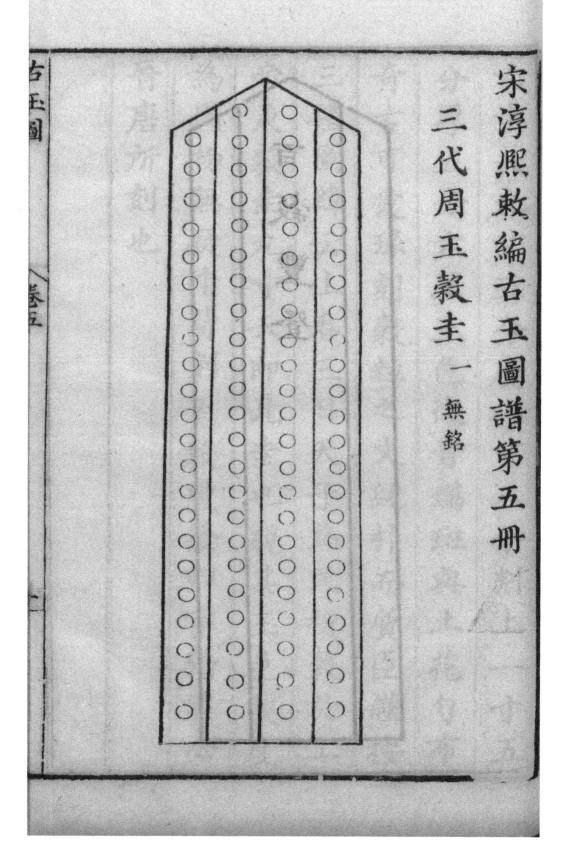

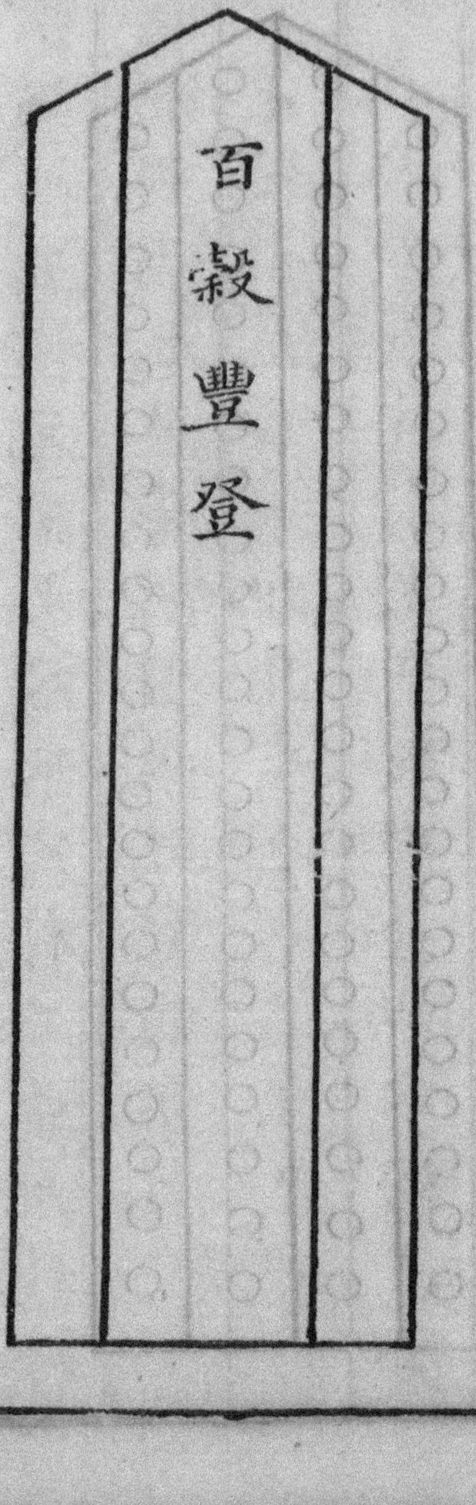
百穀豐登

右圭長九寸五分廣二寸八分剡上一寸五
分厚五分六厘玉色微青瑞斑與土花匀布
奇古可愛琢刻穀粒之文純朴而質臣謹按
三禮圖緯云上春三日天子為民祈穀於上
帝秉穀圭九寸云即此圭也觀其玉色製度
為周物無疑圭背刻飞穀豐登四字楷書必
晉唐所刻也

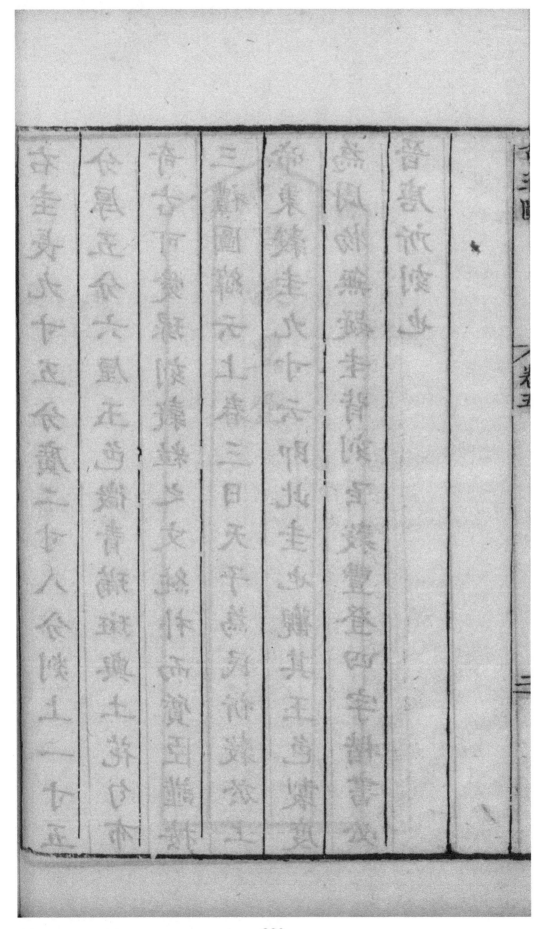

三代周玉穀圭 二 無銘

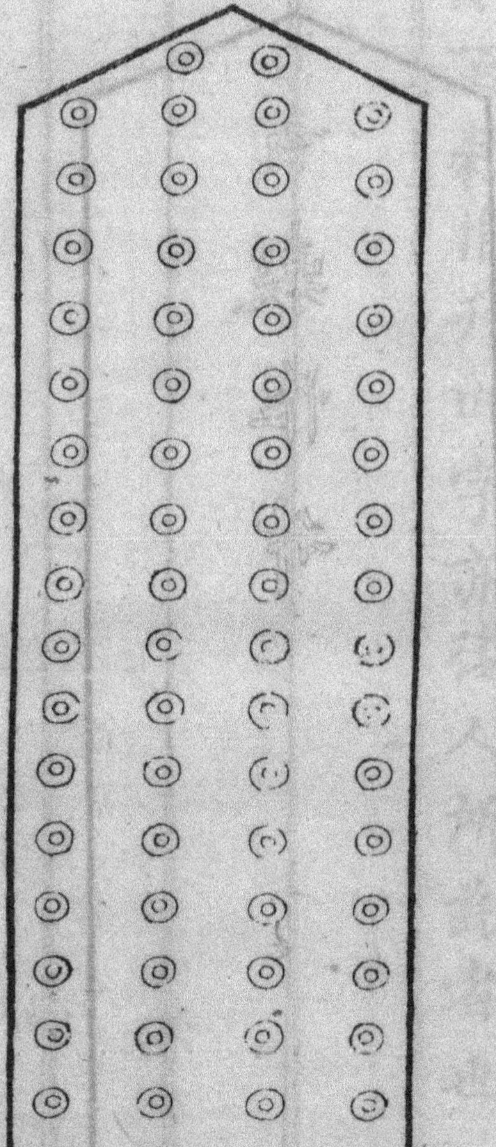

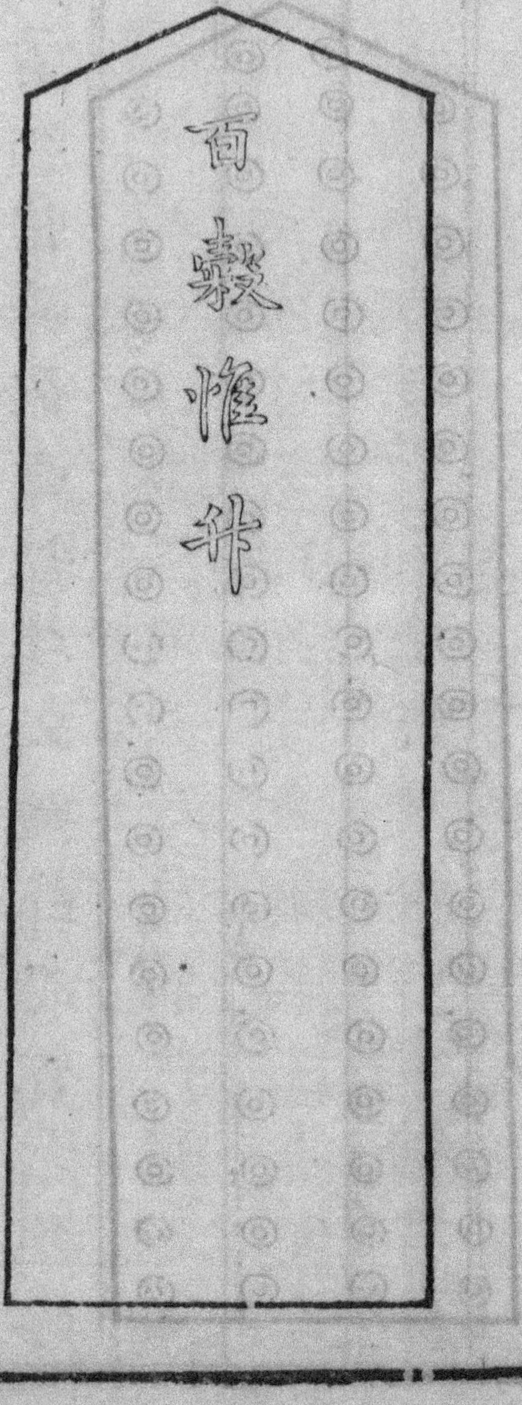
百穀惟升

右圭長短博廣厚薄與前圭同玉色甘黄如
蒸栗土花侵蝕斑斕可愛面刻穀粒之文背
刻百穀惟升四字亦後人所為者也

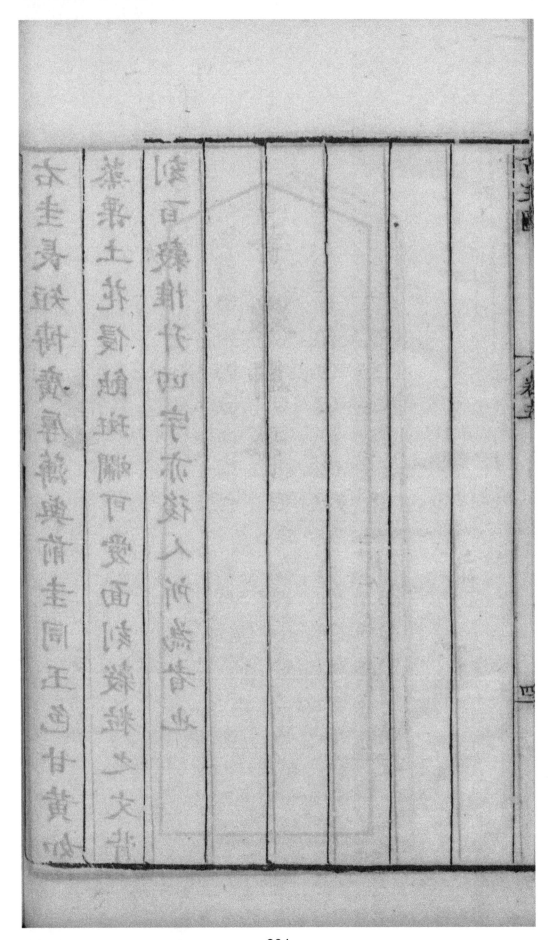

三代周玉穀圭 三

無銘

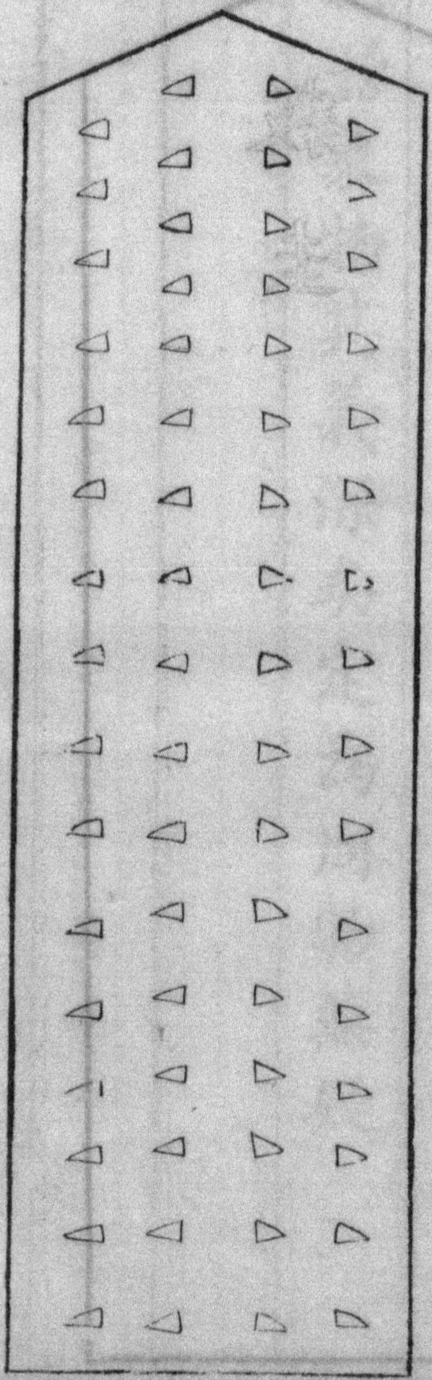

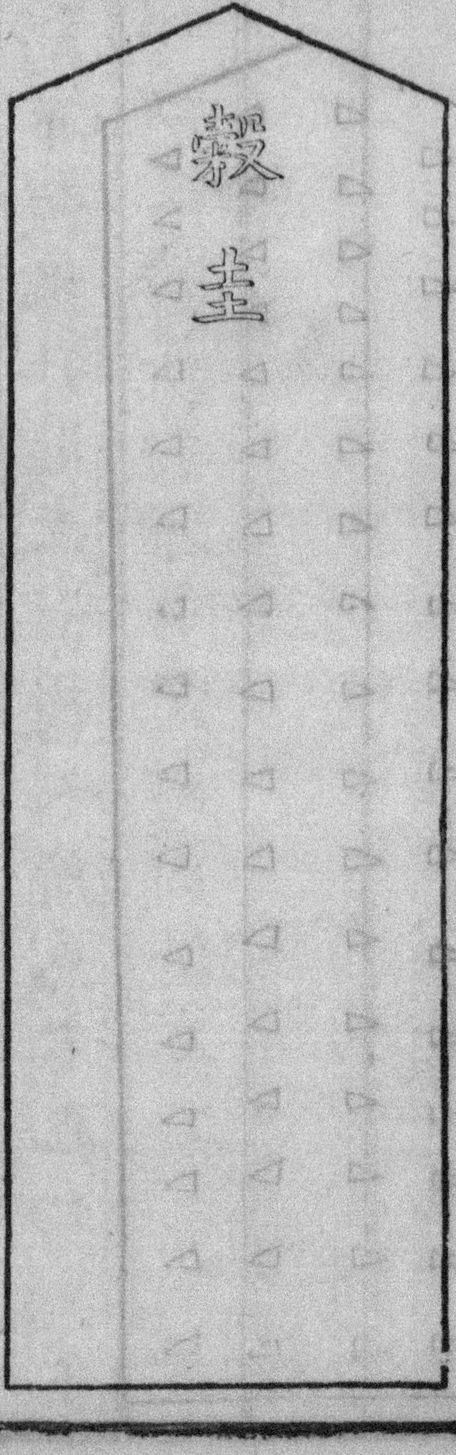
穀圭

右圭長短博廣厚薄同前玉色微青白璊斑勻點丹若屑金赤猶抹赭圭面瑑刻穀文圜鋭窔起如乳形夫穀與乳皆養人之物先王制器象物其義深矣定為周物無疑

制器象物其義深矣宜為周制無疑

銳寖起如乳形夫錢與乳皆象人之乳物先王

乃點丹若屑金赤洒淋精圭面琢刻獸文圓

右圭長短博廣厚薄同前玉色微青白瑞瑳

三代周玉穀圭四 無銘

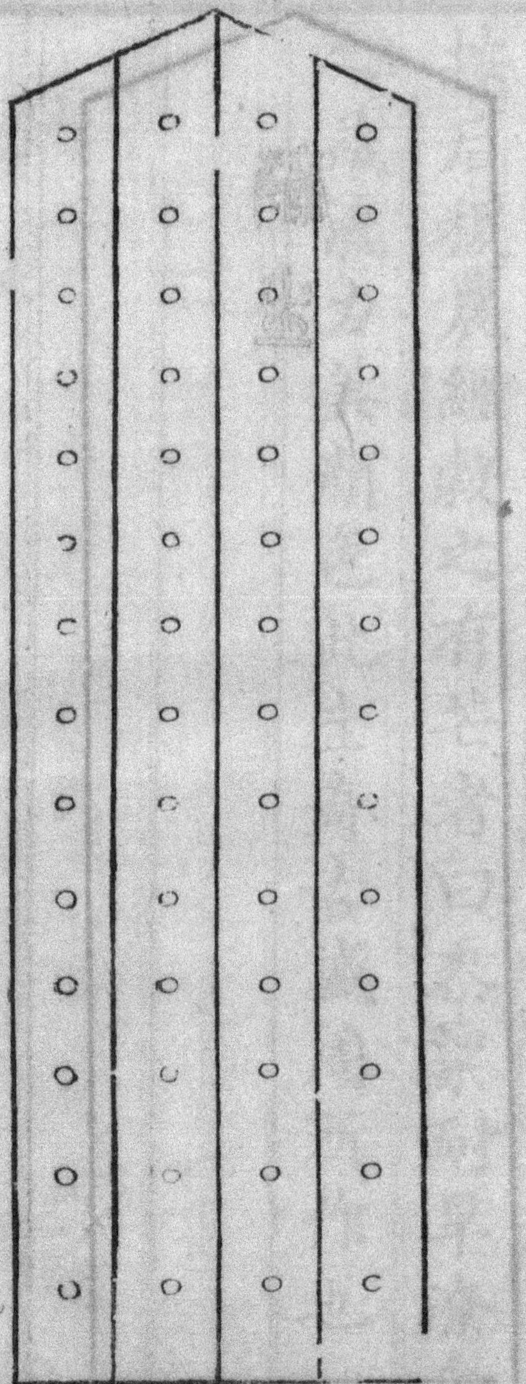

三代周王赦圭 四 無銘

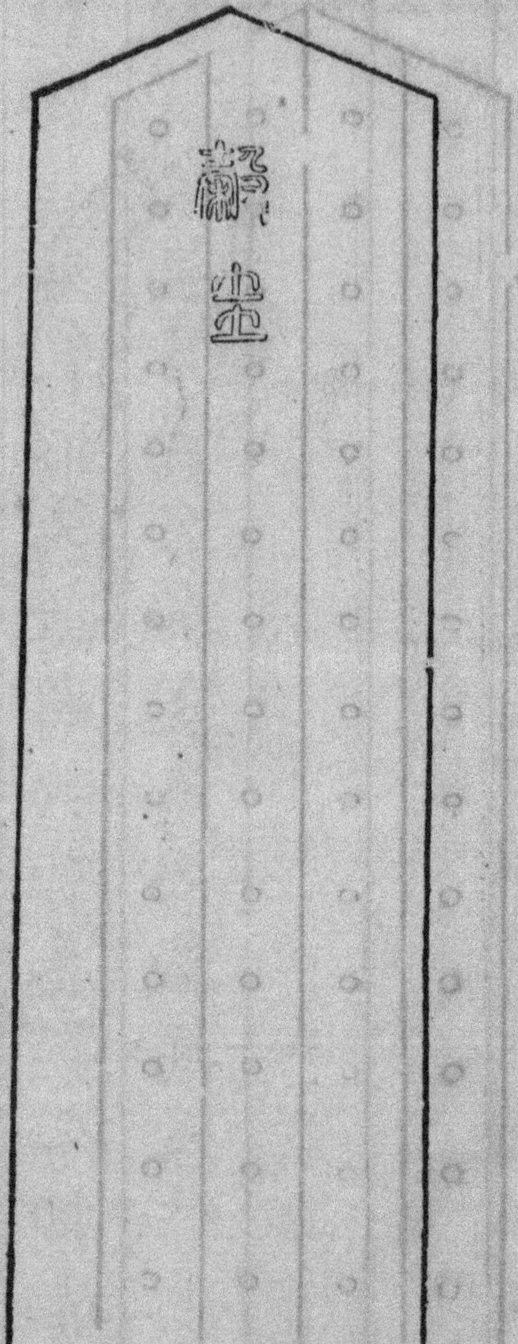

右圭長短博廣厚薄如前三圭玉色甘青瑩澈面上刻穀粒之文芒稜四繞與前有異臣按后稷農經穀之有芒者曰黍粱耐旱潦食之益氣力美顏色此圭奇古盛周所作也

三代周玉蠶圭一

無銘

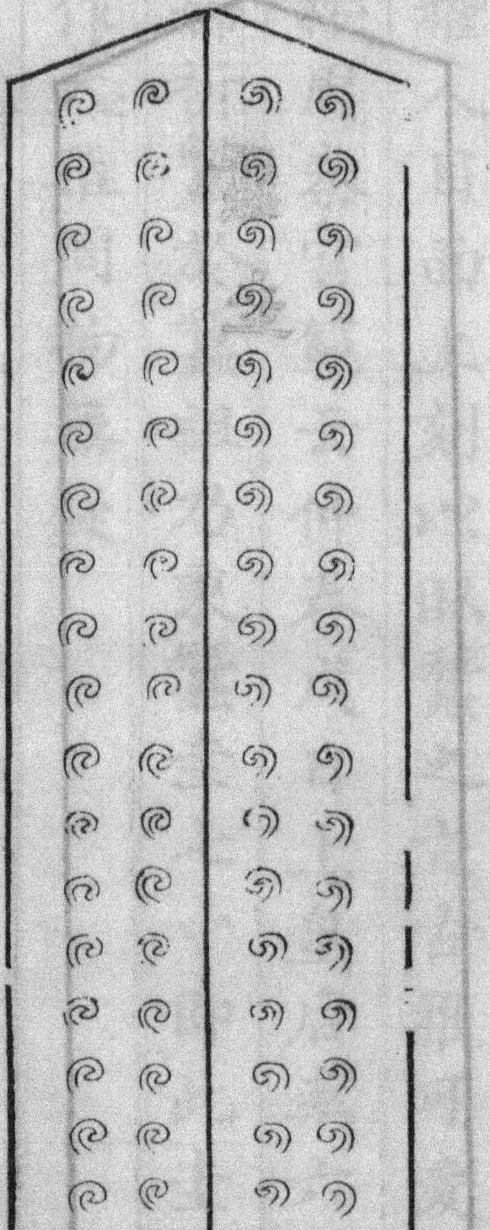

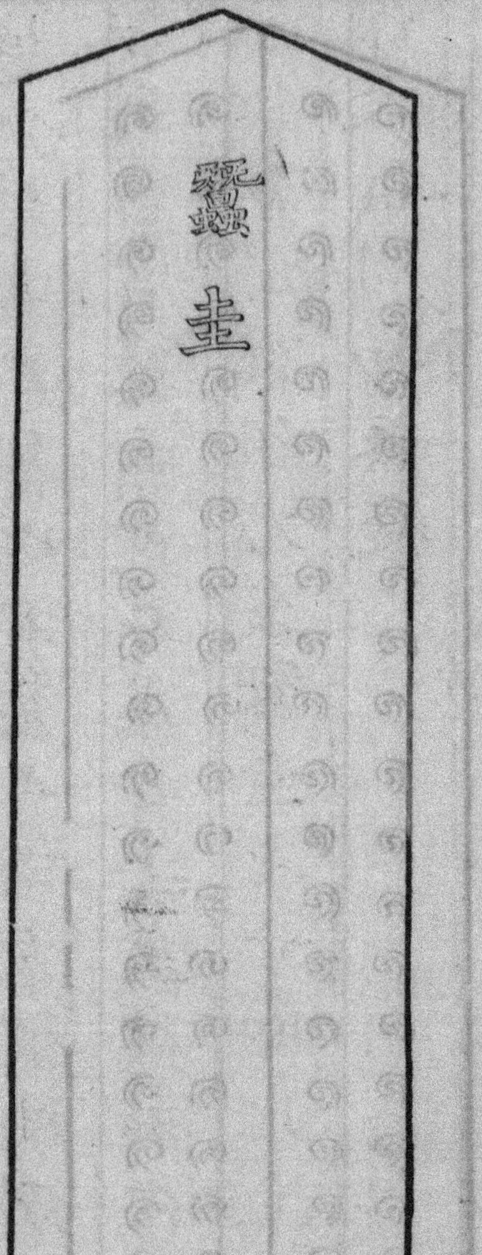
蠶
圭

右圭長七寸八分廣二寸五分剡上一寸三
分厚四分二厘玉色瑩白璊斑殷赤如霞照
耀人目面上刻以臥蠶之文古雅可愛臣謹
按周秦宮範云仲春戊日上皇后率六宮命
婦祈蠶於蠶祖乃秉蠶圭七寸即此圭也制
作大雅周物無疑

作大雅周物無疑
婦祈蠶於蠶祖乃秉蠶圭七寸即此圭也制
按周秦宮銘云仲春戊日上皇后率六宮命
羅人自面上刻以臥蠶之文古雅可愛臣謹
分厚四分二厘玉色瑩白瑞斑殷赤如寶璐
古圭長七寸八分廣三寸五分剡上一寸三

三代周玉蠶圭二 無銘

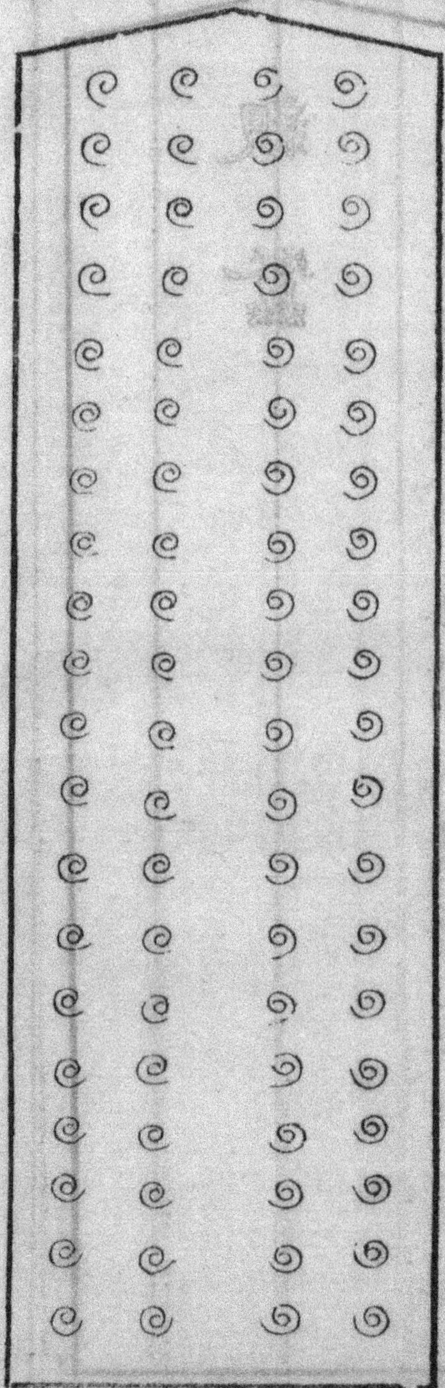

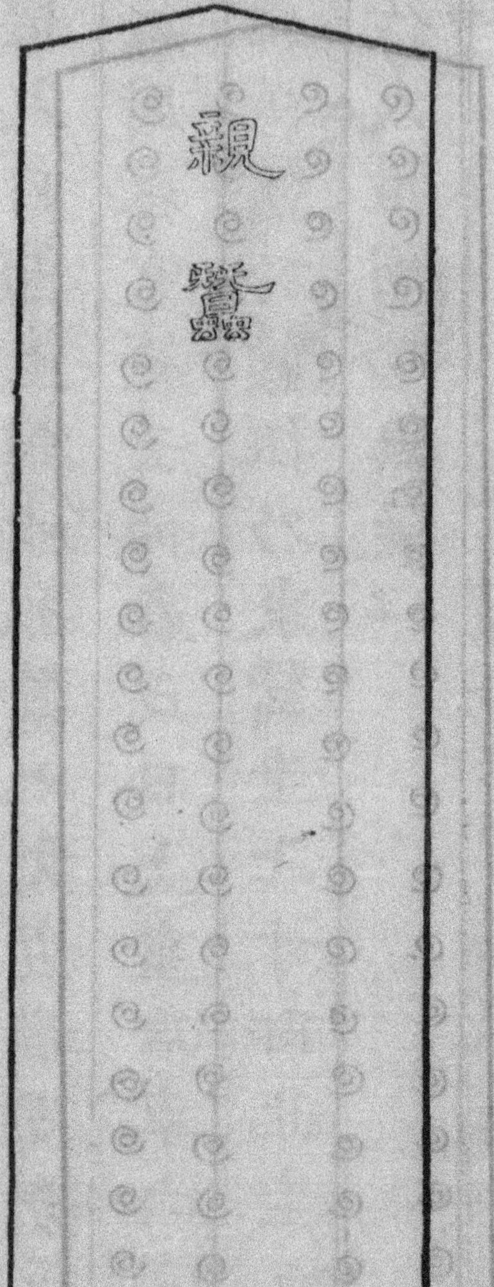
親蠶

右圭長短博廣厚薄同前玉色甘青瑞斑丹
黄如布金熣爍奪目面上刻臥蠶之文異於
前圭制作簡雅非秦漢人所能盖周器也

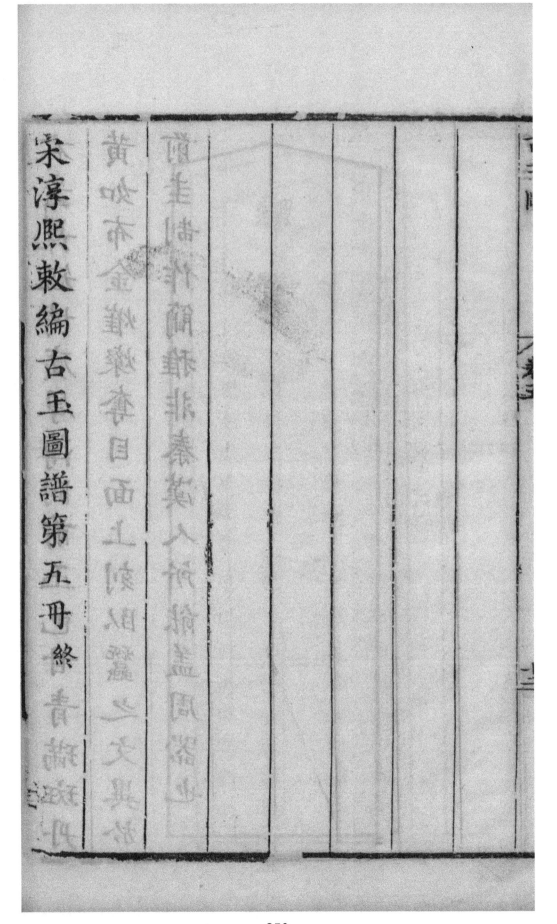

宋淳熙敕編古玉圖譜第五冊終

宋淳熙敕編古玉圖譜第六冊

三代周玉蠶圭 三

三代周王鎮圭三

右圭長短博廣厚薄如前玉色甘黄璊斑勻如灑絳雪面上瑑刻縱横臥蠶之文華藻特美其制作簡古非周不能

三代周玉正圭

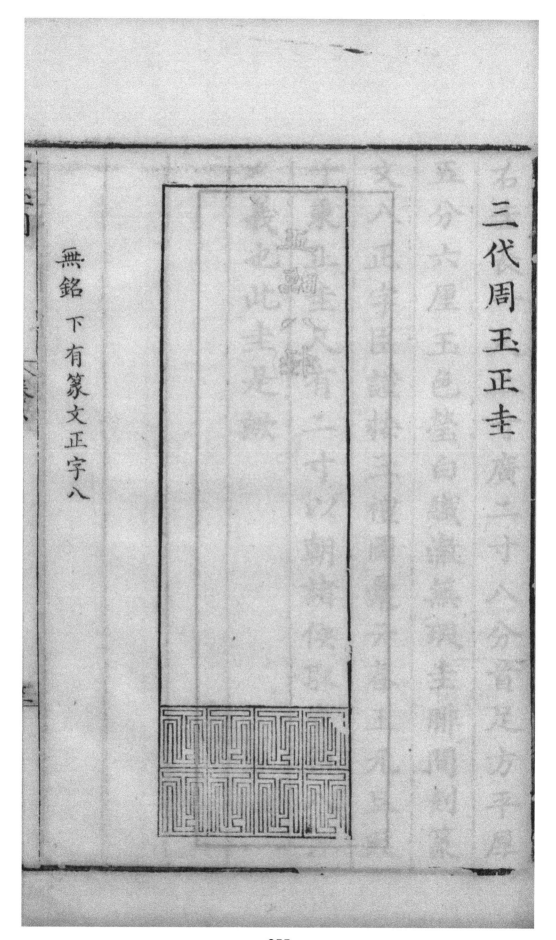

無銘 下有篆文正字八

正臨八極

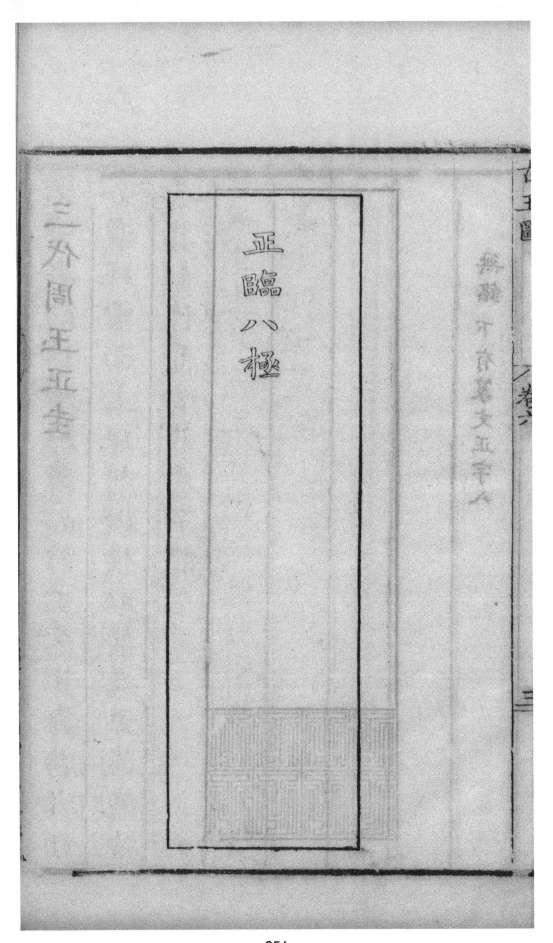

右圭長一尺二寸廣二寸八分首足方平厚五分六厘玉色瑩白纖澈無瑕圭腓間刻篆文八正字臣謹按三禮圖彙云春王元旦天子秉正圭尺有二寸以朝諸侯取安鎮八方之義也此圭是歟

三代周玉信圭一 無銘

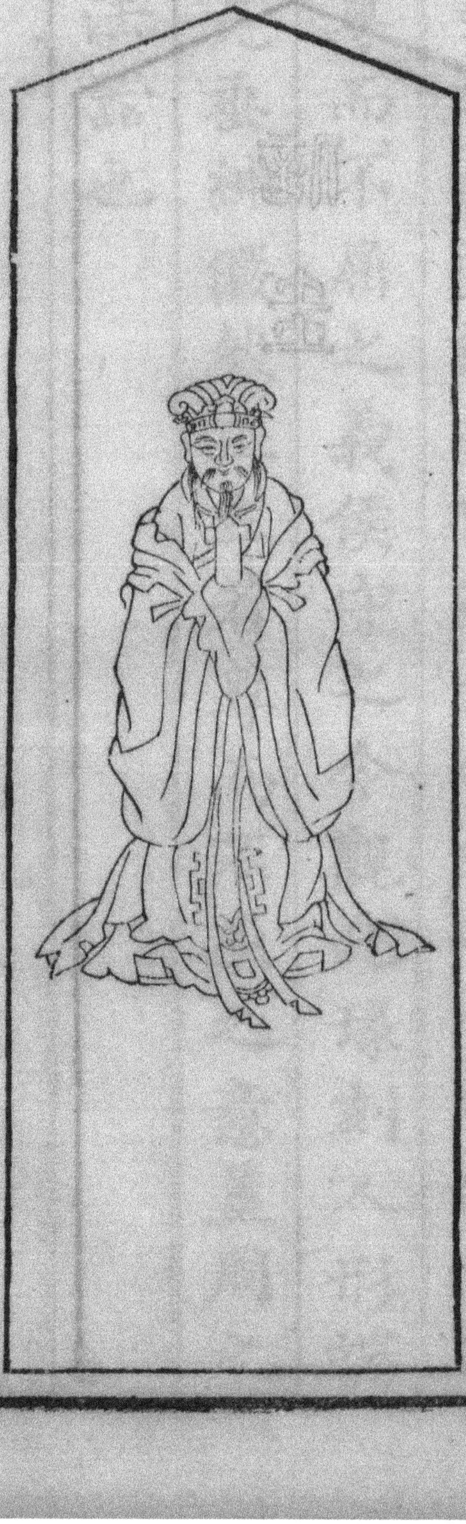

三代周王信圭一 無銘

右圭長七寸廣二寸六分剡上一寸四分厚
四分六厘玉色瑩白無瑕面上瑑刻人形執
圭端冕臣謹按禮經云命圭七寸曰信圭取
尊而不屈之義侯守之令觀此瑑刻人形端
冕垂紳儼然正立若尊而不屈之意蓋周之
法器也

法器也

冕垂紳儼然正立若尊而不屈之意蓋周之

尊而不屈之義侯守之令觀此象刻人形端

手端冕臣謹執纖維經云命圭七寸曰信圭取

四分六厘玉色瑩白無瑕面上琢刻人形執

右圭長七寸廣三寸六分剡上一寸四分厚

三代周玉信圭 二 無銘

信圭侯守之

右圭長短廣濶厚薄瑑刻同前玉色甘黄如淡金瑩澈無瑕觀其制作簡古大雅周室之寶也信圭之義已見前說云

三代周玉躬圭一 無銘

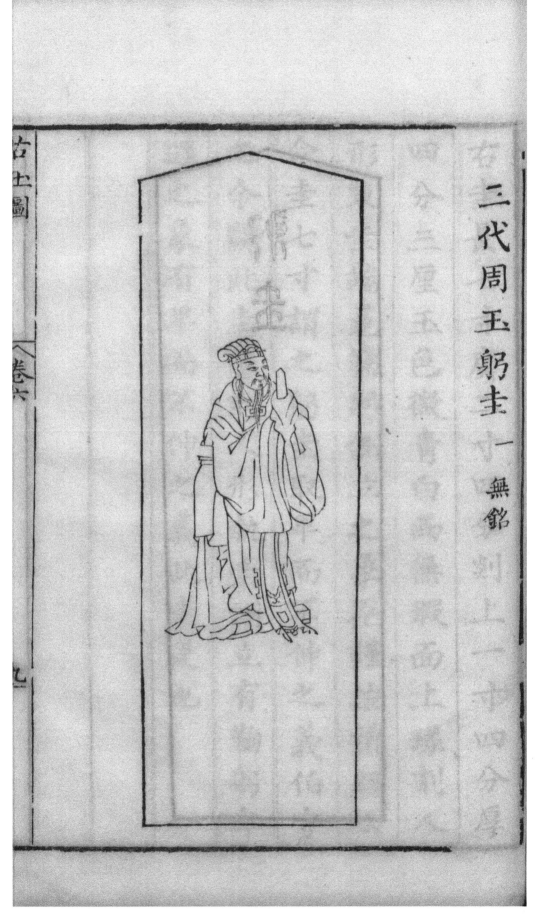

躬圭

右圭長七寸廣二寸四分剡上一寸四分厚四分三厘玉色微青白而無瑕面上瑑刻人形秉圭端冕鞠躬側立之象臣謹按禮經云命圭七寸謂之躬圭取卑而不伸之義伯守之今觀此圭瑑刻人形執圭側立有鞠躬卑遜之象有卑而不伸之義此圭是也

遜之象有卑而不伸之義此圭是也
今觀此圭琢刻人形執圭側立有鞠躬卑
命圭七寸謂之躬圭取卑而不伸之義伯守之
形秉圭端冕鞠躬側立之象臣謹按禮經云
四分三厘玉色微青白而無瑕面上琢刻人
右圭長七寸廣二寸四分剡上一寸四分厚

三代周玉躬圭 二 無銘

躬圭伯守之

右圭長短博廣厚薄俱如前圭玉色纖碧無瑕躬圭之義已見前説不復贅述然制作古雅周伯之守器也

宋淳熙敕編古玉圖譜第六冊終

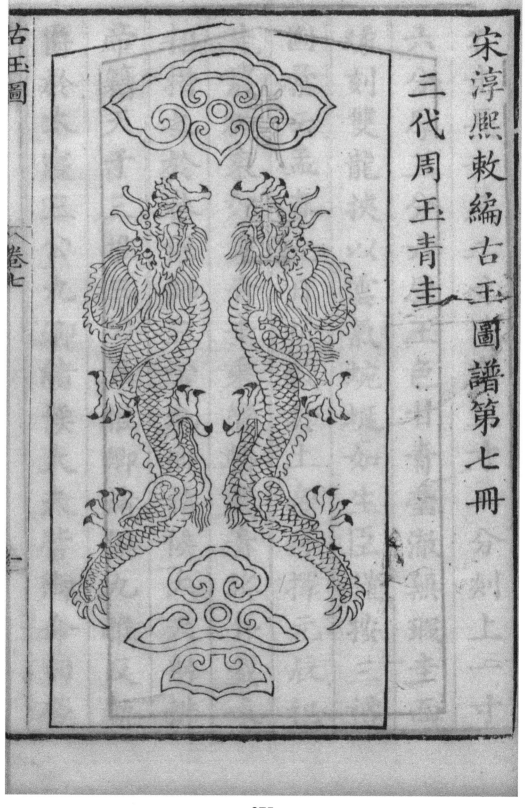

宋淳熙敕編古玉圖譜第七冊

三代周玉青圭

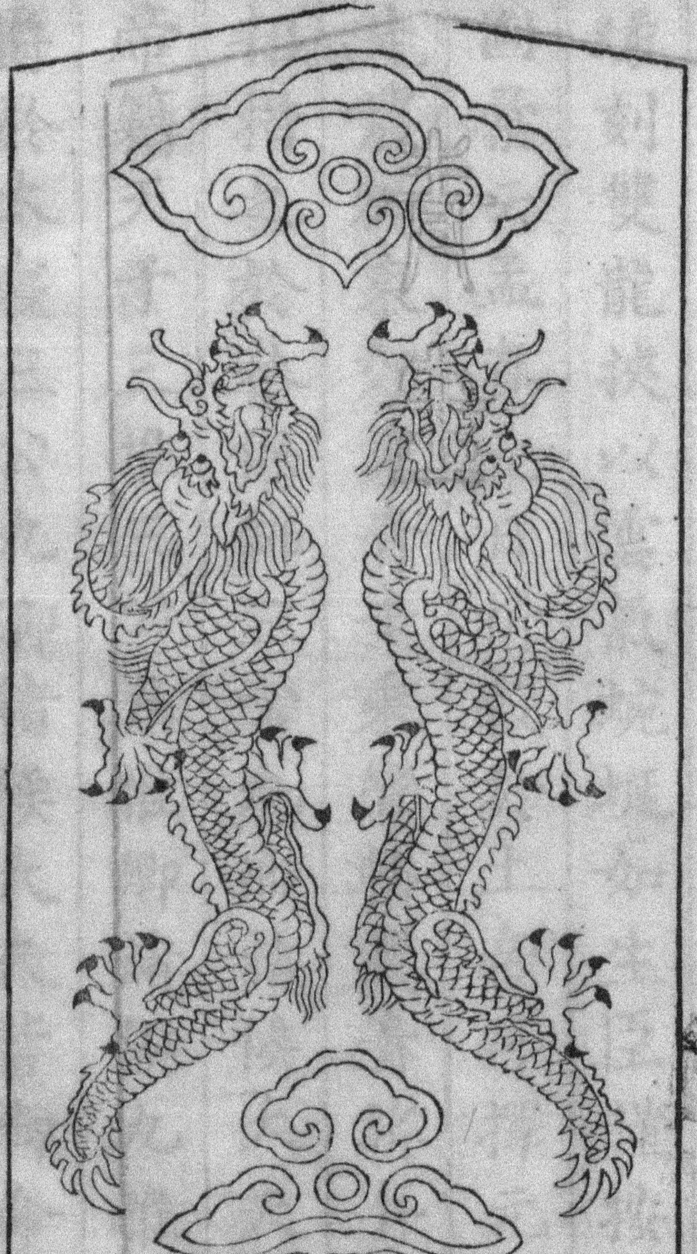

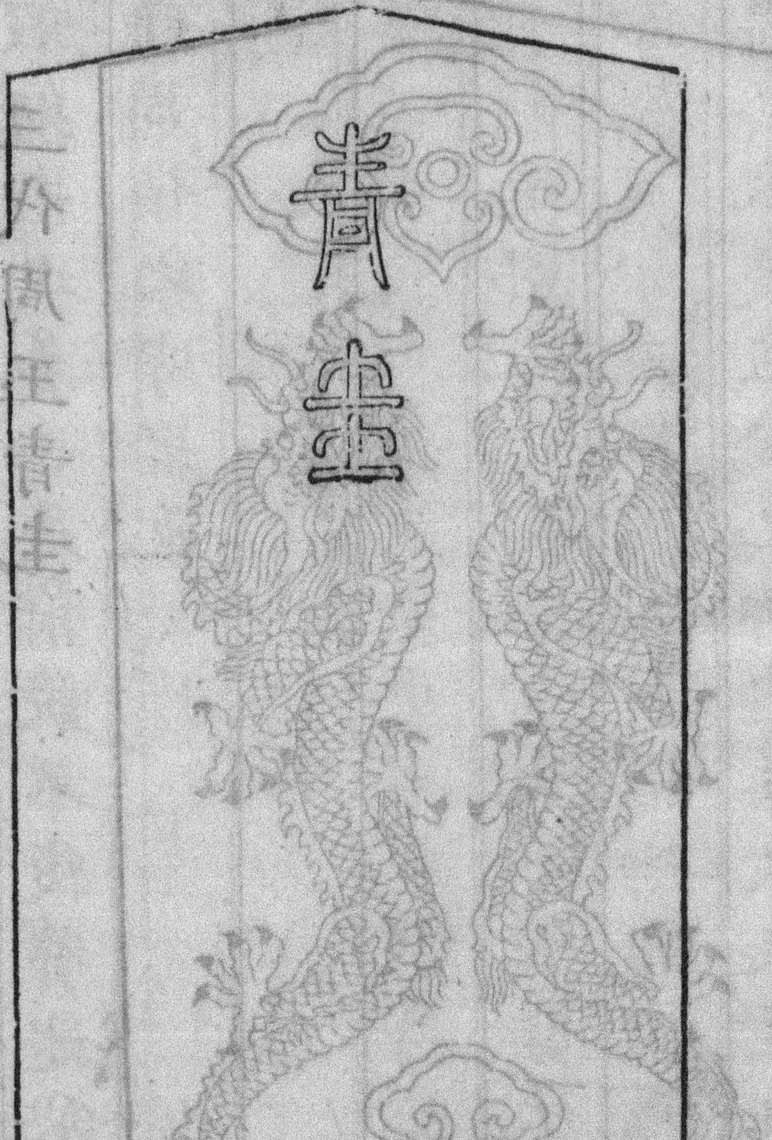
青圭

右圭長一尺二寸博廣三寸二分剡上一寸六分厚五分六厘玉色甘青瑩澈無瑕圭面琢刻雙龍挾以雲氣蜿蜒如生臣謹按三禮圖彙云孟春元日祈穀於上帝再擇元辰祀先農於東郊秉青圭乘鸞輅載青旂弁載耒耜措之於參保師三公九卿諸侯大夫躬耕帝籍天子三推三公五推卿諸侯九推反執爵於太寢三公九卿諸侯大夫皆御命曰勞

酒今觀瑑刻龍文王色青翠取蒼龍之義也孟春之月其精蒼龍能興雲雨澤萬物先王治國養民首重農事故祀先農耕帝籍宜秉此圭周室重器非秦漢所能及也

三代周玉龍圭一

無銘

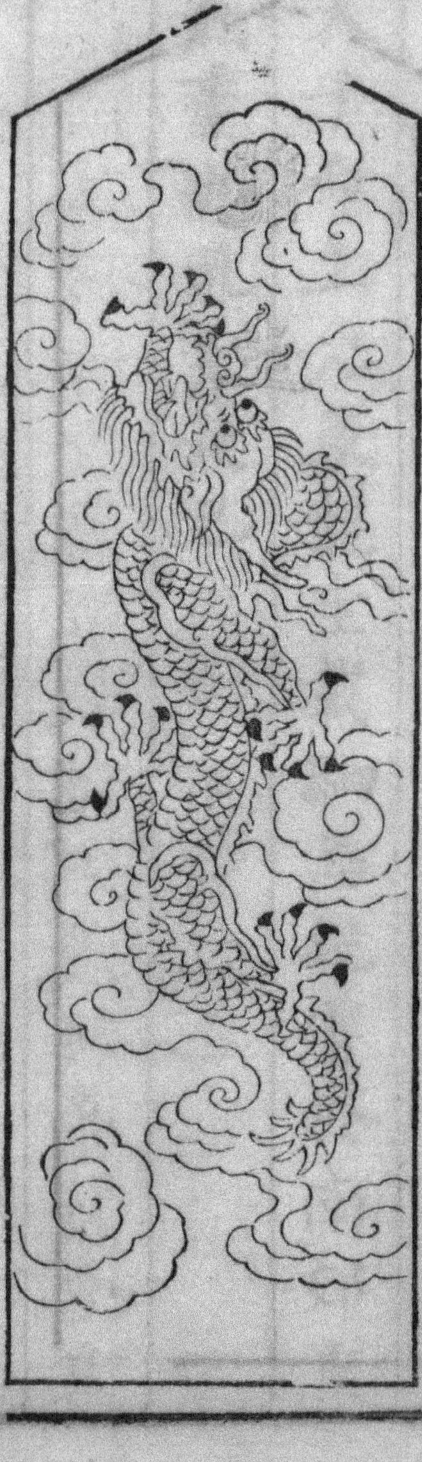

三代周玉龍圭

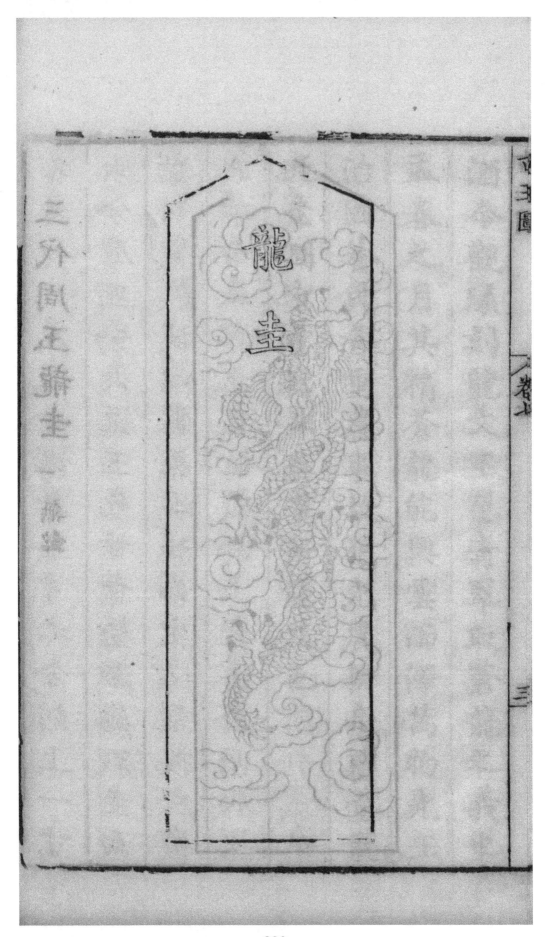

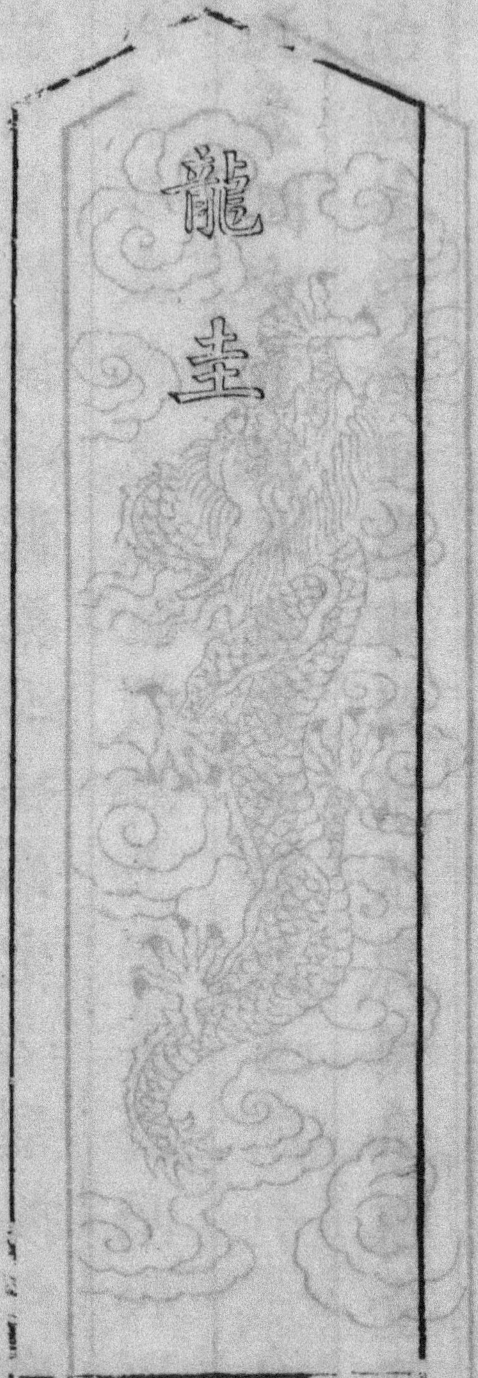

龍圭

三分闘圭躭圭

古圭圖

卷七

右圭長九寸五分博廣二寸六分剡上一寸五分厚四分六厘玉色甘黃瑩澈無瑕圭面刻雲龍之文臣謹按三禮圖彙云龍見而雩天子命上公秉龍圭載駟馬祀雩於南郊重民事也此蓋是已

三代周玉龍圭 二 無銘

三代周王龍圭 十 無款

右圭長短博廣厚薄瑑刻同前唯玉色瑩碧無瑕而瑑刻之龍文與前圭分左右顧為異耳制度醇古周器無疑

唐玉介圭一 銘四字

唐王介圭一　銘四字

右圭長一尺二寸博廣二寸八分剡上一寸五分厚四分七厘玉色瑩白無瑕圭面瑑刻介爾景福楷書四字下刻萬歲通天小璽之文臣謹按詩大雅云韓侯入覲以其介圭鄭元註云介圭天子所封諸侯之命圭也執之為贄以合瑞於王也又爾雅圭大尺二寸謂之介又詩大雅云錫爾介圭云云是今觀此圭制度卑陋而無三代之文質乏秦漢之古

雅且璽文有萬歲通天之號乃唐僞周武曌之紀年也武氏在唐名雖元后實為國賊器之有無斯何足重然昔之先儒有云君子不以人廢言雖武氏人品不滅而無累其遺器存之以備數云

唐玉介圭 二 銘四字

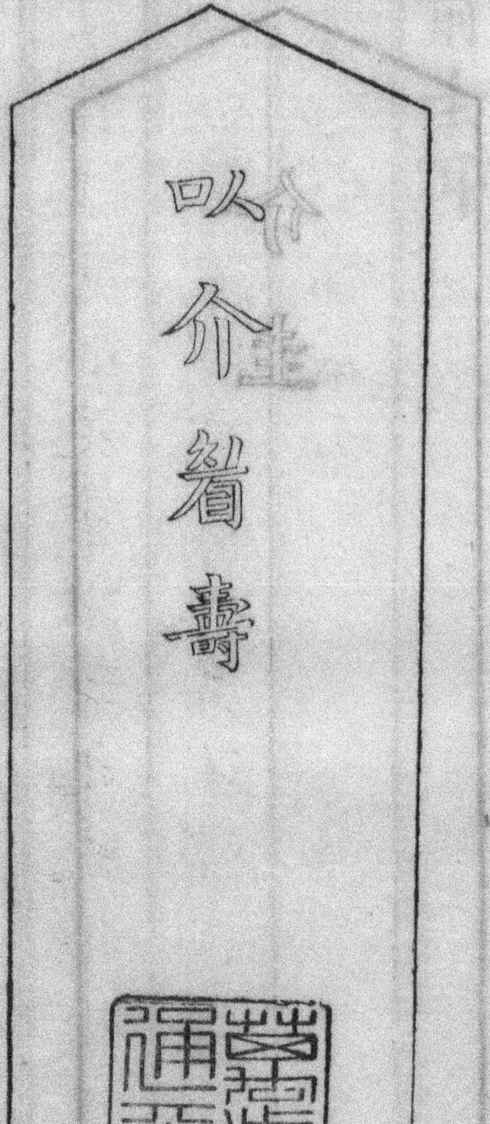

介圭

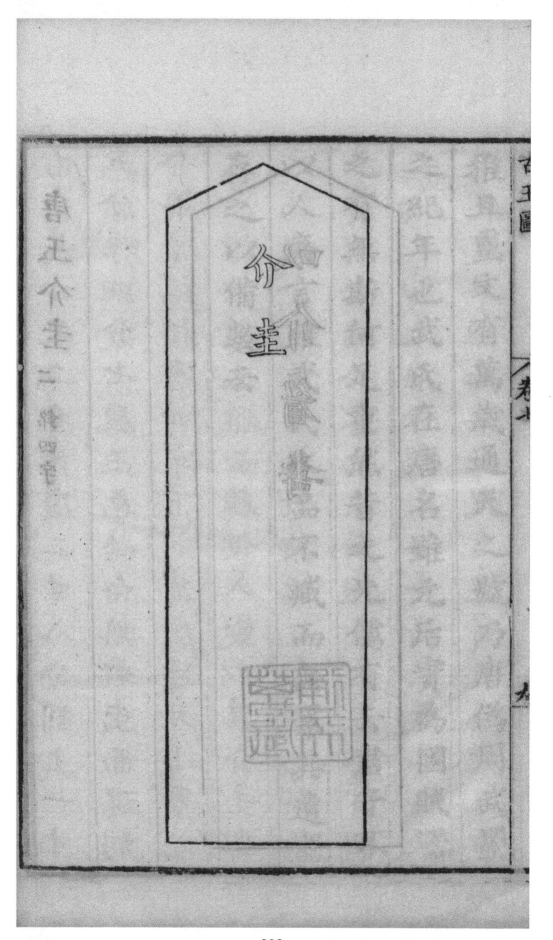

右圭長短博廣厚薄瑑刻璽文悉同前圭玉色纖白無瑕所刻四字曰介爾景福微異於前圭耳

前圭耳

色纖白無瑕所刻四字曰介爾景福微異於

右圭長短博廣厚薄瑑刻璽文悉同前圭玉

唐玉介圭 三 銘四字

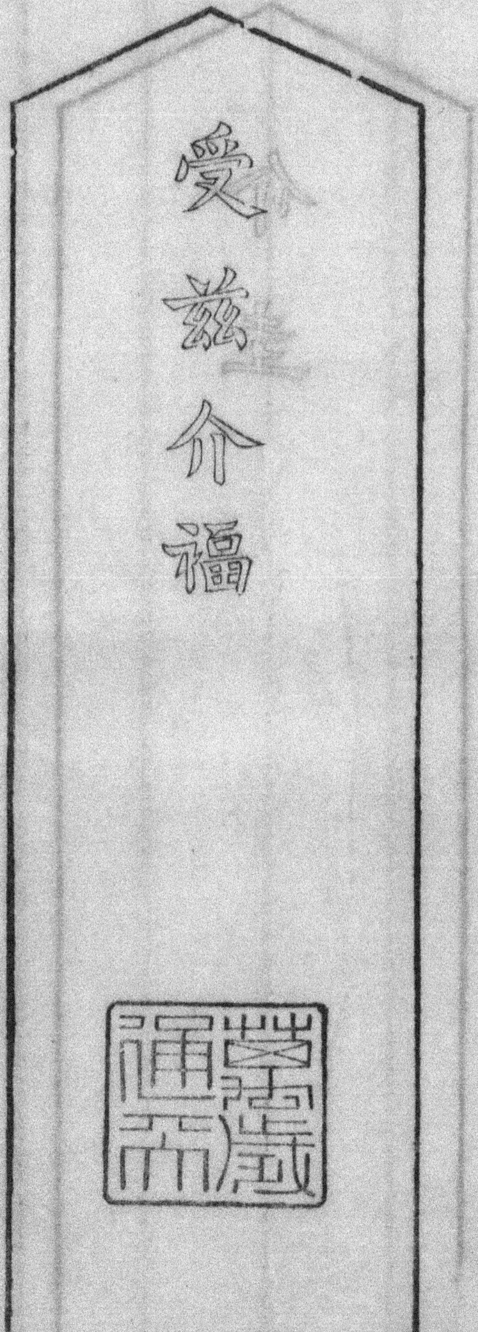

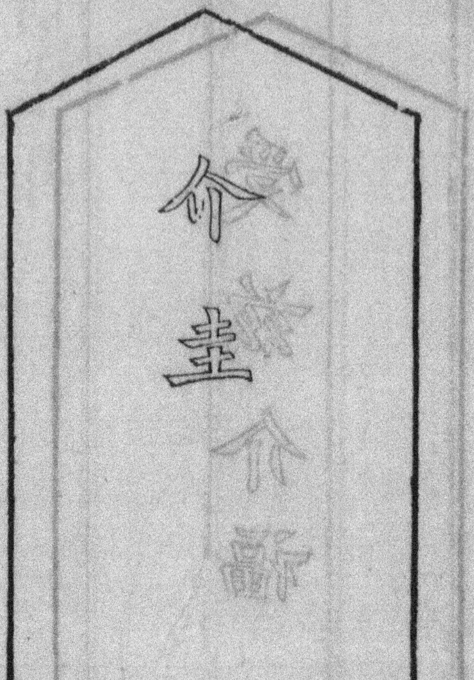
介圭

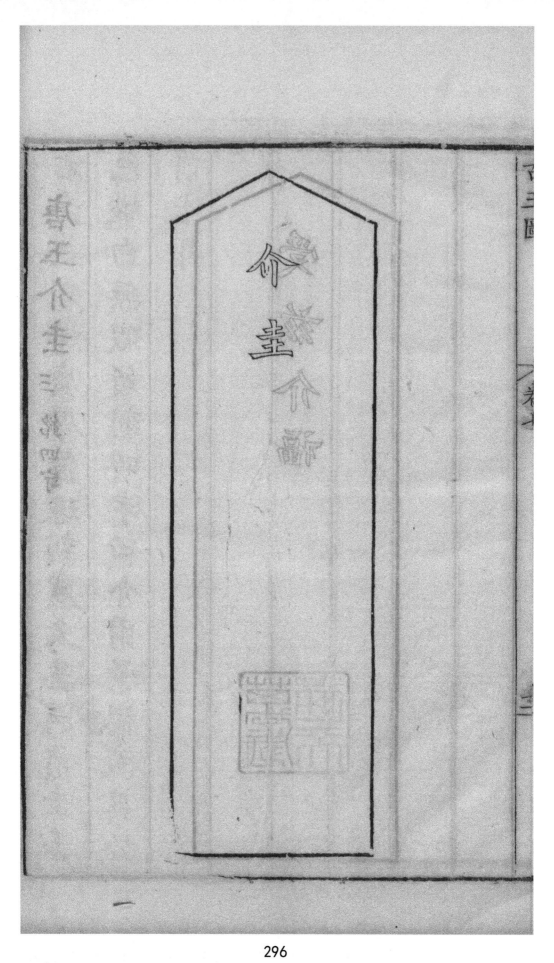

右圭長短博廣厚薄瑑刻璽文玉色悉同前

圭惟刻文云受茲介福為異耳

宋淳熙敕編古玉圖譜第七冊終

古玉圖譜

三

宋淳熙敕編古玉圖譜第八冊

三代周玉一圭有邸

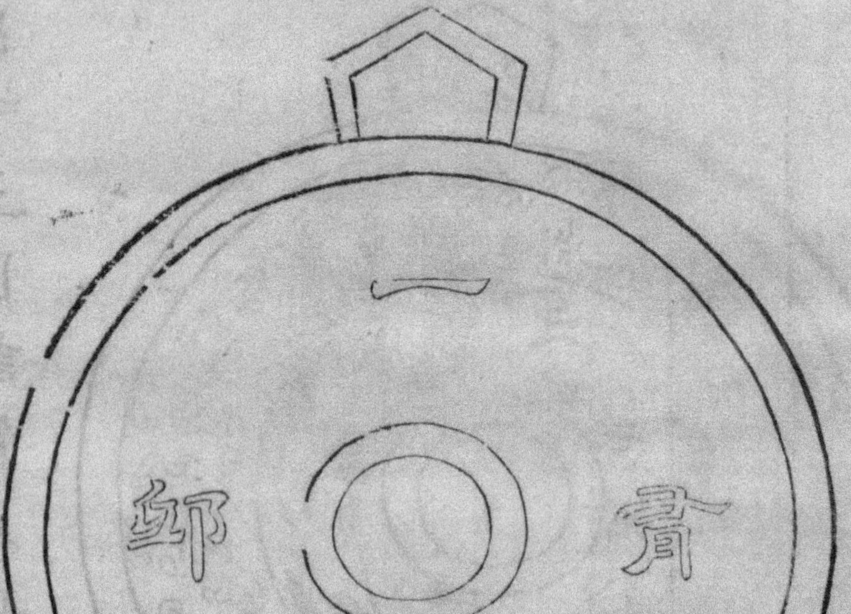

一
壺
青
邨

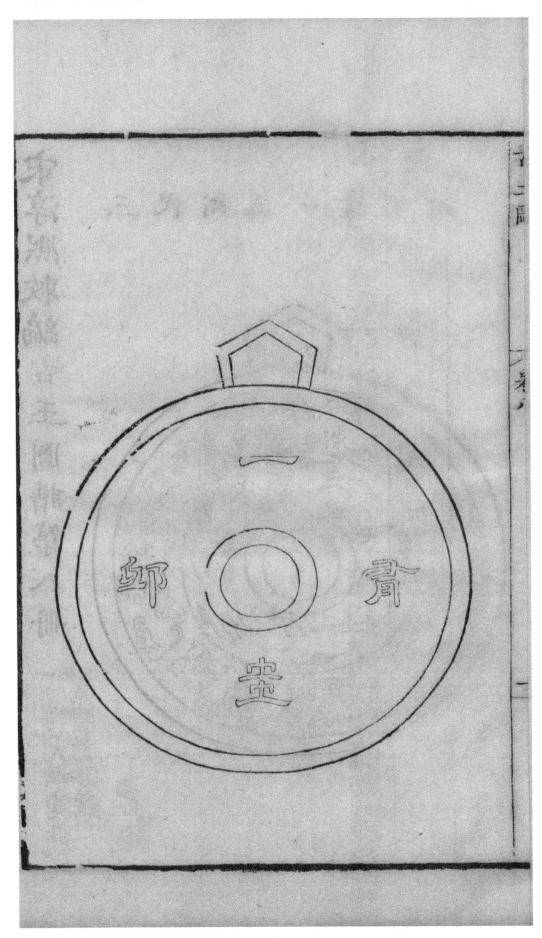

右圭邸上圭長三寸六分博廣一寸八分剡上七分下璧邸圓徑尺有二寸玉色微青白瑩澈無瑕圭上琢刻山川之文璧邸琢刻外繞雲氣中蟠瑞草臣謹按禮經云圭璧即一圭有邸也尺有二寸以璧為邸而上植以圭先王以祀日月星辰今觀此一圭有邸文而有質實商周瑞器也

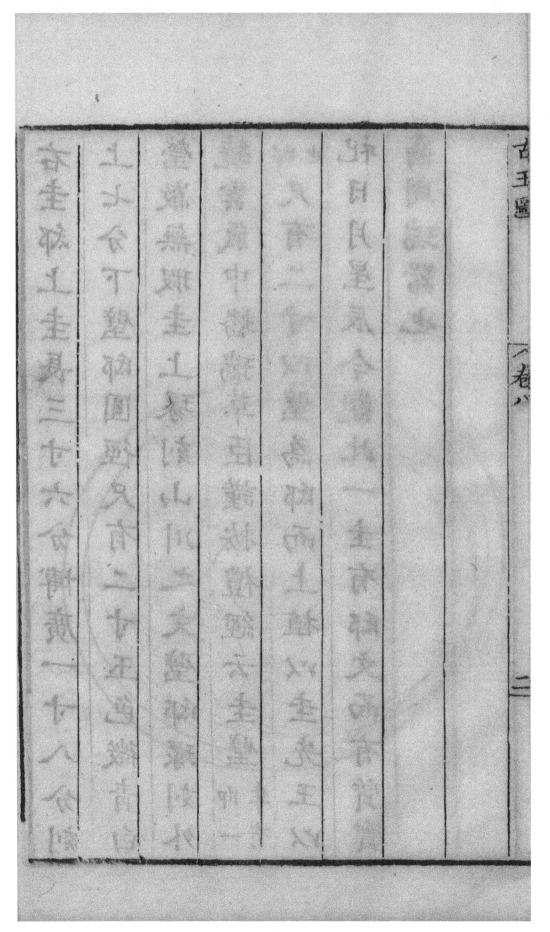

古玉一圭有邸 二

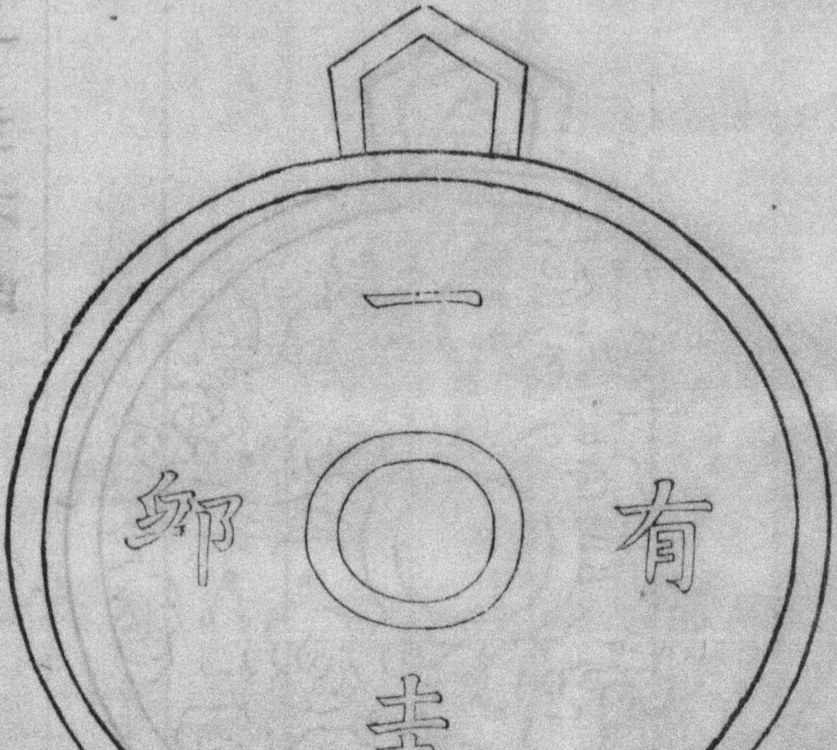
一
有
圭
鄉

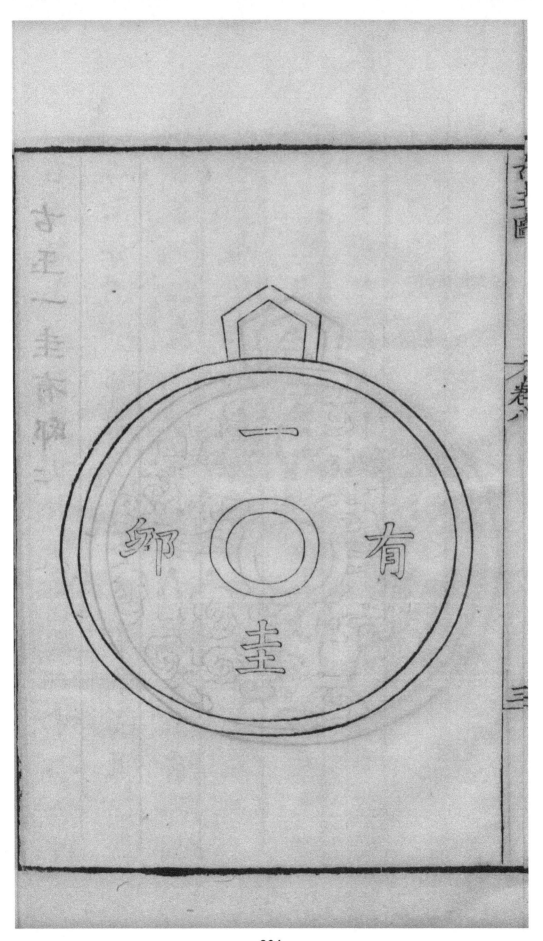

右一圭有邸上圭下璧長短圓徑俱同前圭邸玉色青白無瑕圭璧琢刻俱作星象雲漢之文其義具見前說以祀日月星辰者也制作典雅周秦之遺器歟

古玉一圭有邸 三

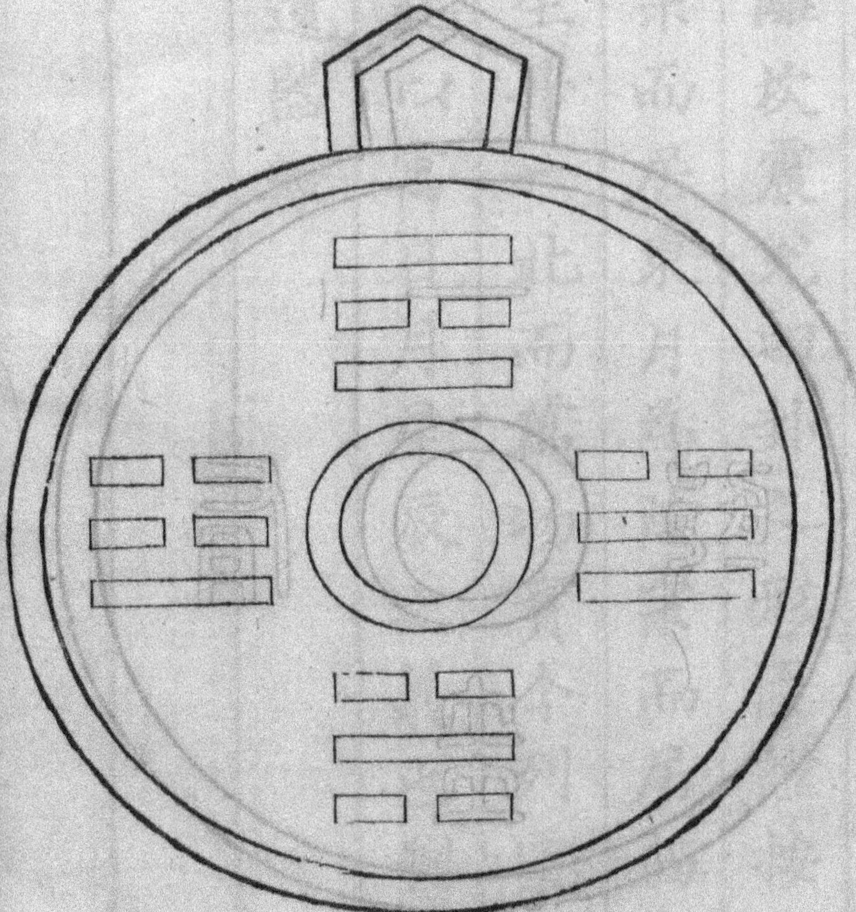

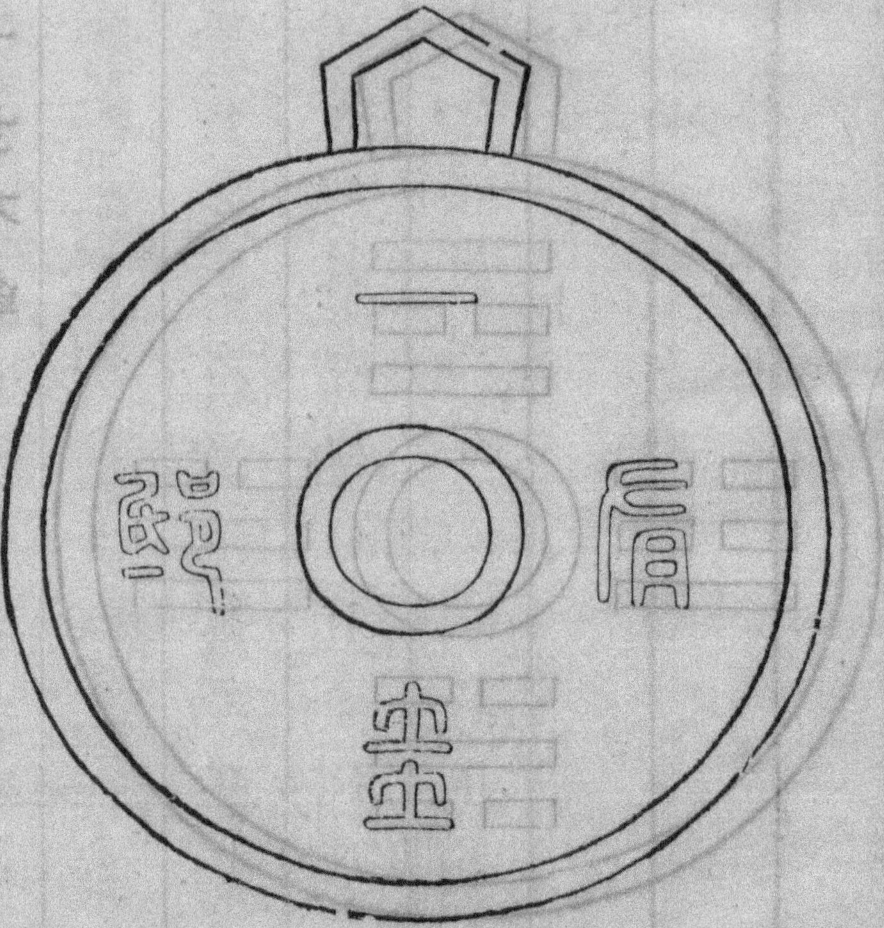

右圭邸長短圓徑玉色悉與前圭邸相同唯
璧邸刻離坎震兌四卦之形臣謹按呂覽云
日為陽宗而居東月為陰宗而居西斗一南
而萬物生斗一北而萬物實今列震東兌西
離南坎北以寓日月星辰之義也制作古朴
周秦之遺器歟

古玉一圭有邸 四

古玉一圭有郵 四

右圭邸上圭長四寸二分博廣一寸八分剡上八分下琮邸長六寸九分四方徑寸相同厚五分五厘玉色甘黃無瑕琮邸之上瑑刻夔龍四繞雲氣中涵未知古人何所取義琱文華美先秦之器也

文華美先秦之器也

夔龍四繞雲氣中通未知古人何所取義圖

厚五分五厘玉色甘黄無瑕紫砂之上瑩潤

上八分下端邸長六寸九分四方匣寸相同

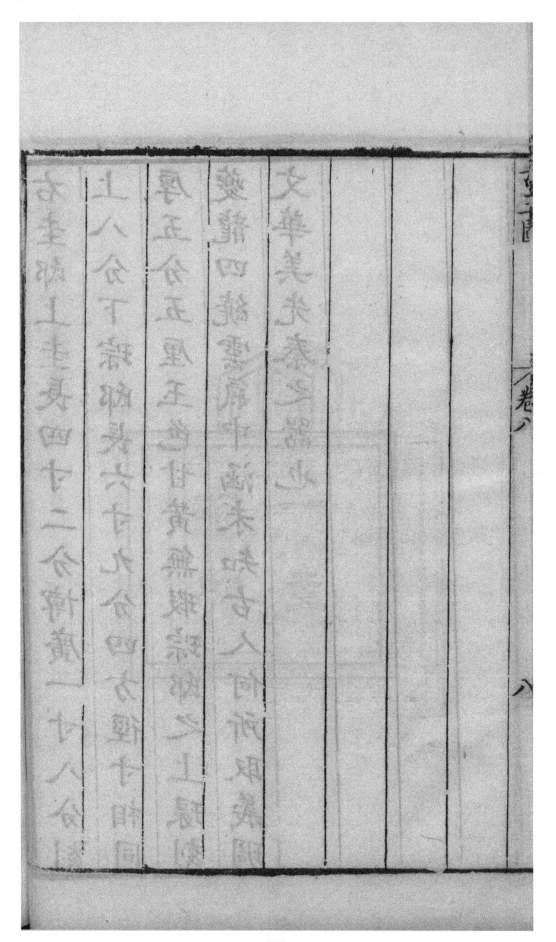

右圭邸上圭長四寸三分博廣一寸八分剡上

古玉一 圭有邸 玉

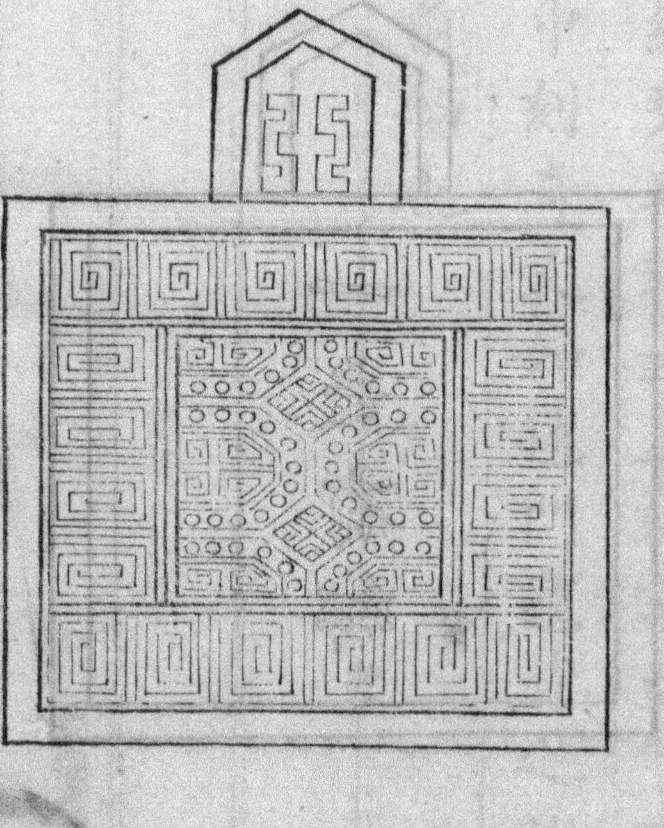

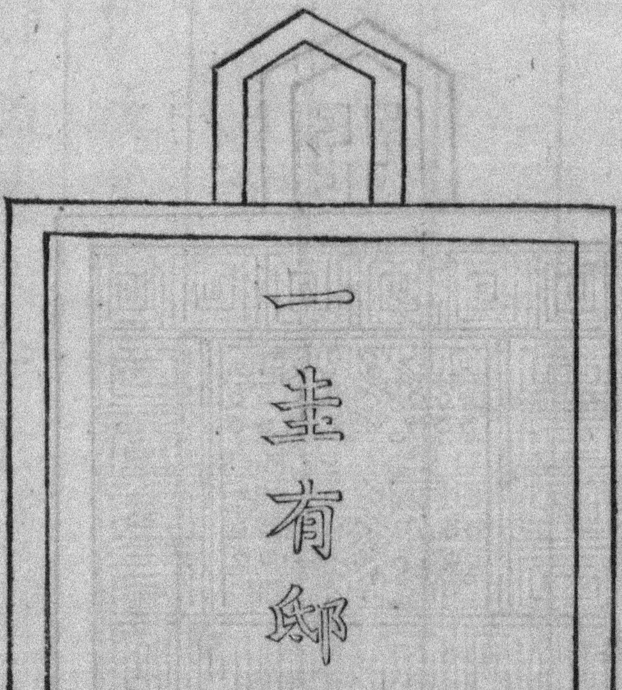
一圭有邸

右圭邸上下圭琮長短方徑厚薄與上圭邸相同玉色纖碧無瑕圭上瑑刻弫宁下琮邸瑑刻雷文中刻奇文如毬門龜背之狀琱刻精工漢以前物也

精工選以備攷也
緣刻雷文中刻古文如鎖門鑰匙之狀兩刻
相同玉色微帶黃斑其上端刻琢孔下皆隔
右圭形上下圭等長短大小厚薄與上圭稍

古玉一圭有郘六銘五字

中信

致敬

一圭
有邸

右圭邸長短方徑厚薄玉色與前圭邸相同唯圭上瑑刻篆文一瑞字下邸瑑刻篆文四字云申信致敬臣謹按白虎通曰一圭琮邸諸侯覲於天子以為申信致敬之誠執之為瑞今觀此圭琮瑑刻正與前說相符實古器也

宋淳熙敕編古玉圖譜第八冊 終

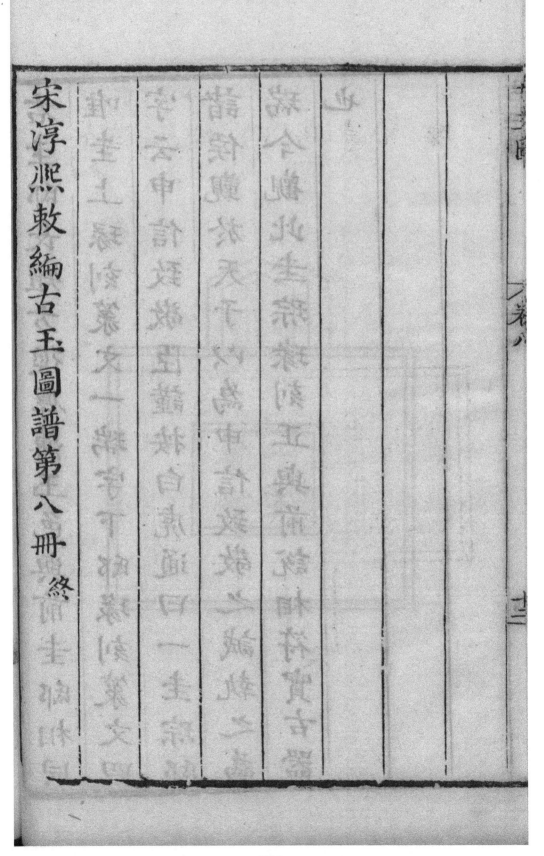

古玉蟠螭兩圭有邸

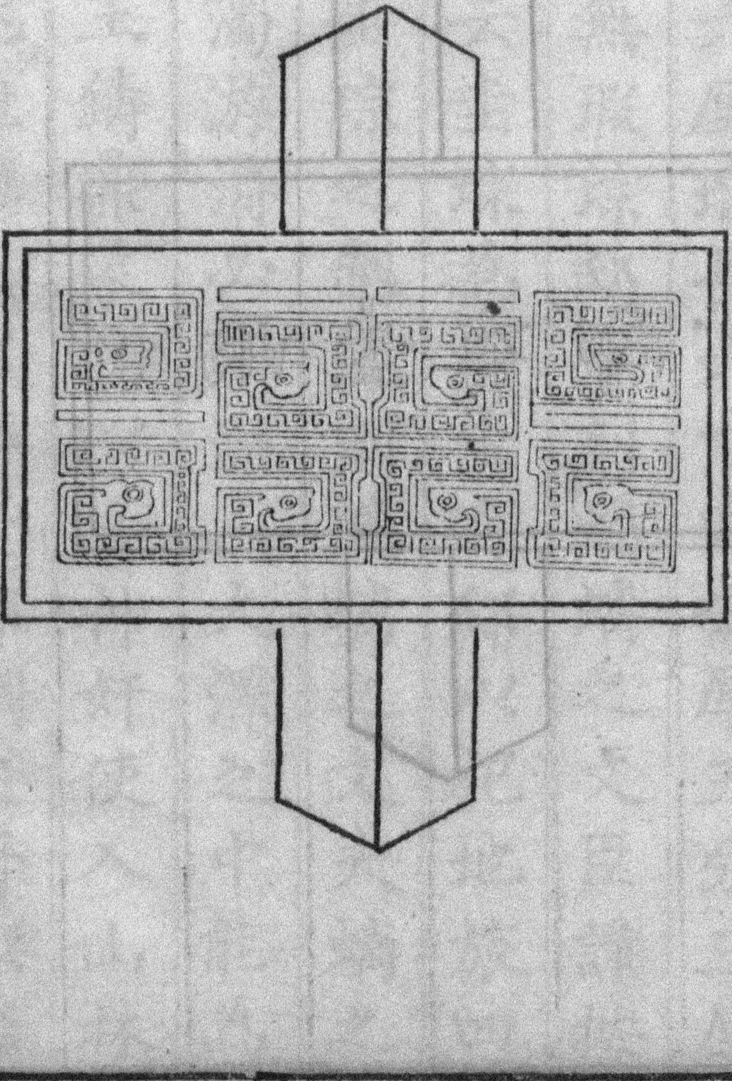

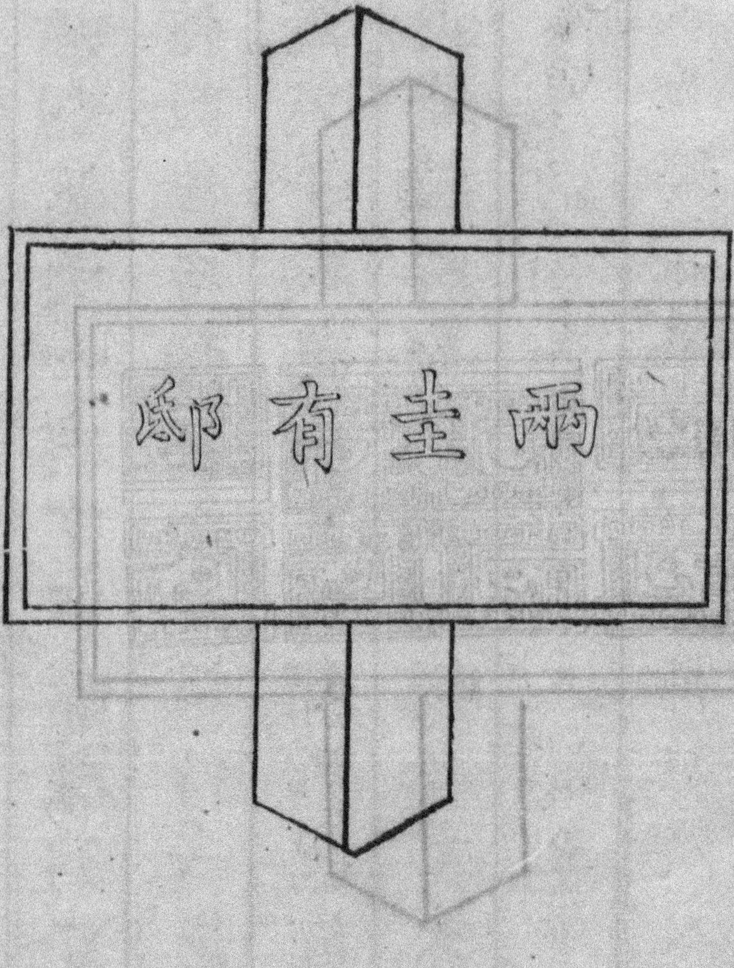
兩圭有邸

右圭邸上下兩圭三寸五分博廣一寸八分剡上七分六厘琮長六寸四分厚五分三厘玉色瑩白無瑕琮邸瑑刻蟠螭之文臣謹按禮圖集考云圭琮為兩圭有邸以祀地旅四望今詳此圭琮之制瑑刻蟠螭之文夫螭之為物雖食濁游清必生深山大澤之中能為人害昔禹王鑄鼎象物以知神奸使入山林者不逢魑魅魍魎之害今圭邸琱文著以蟠

螭者祀地旅望盖亦使人入川澤不逢蛟螭之患也

古玉瑞草兩圭有邸一

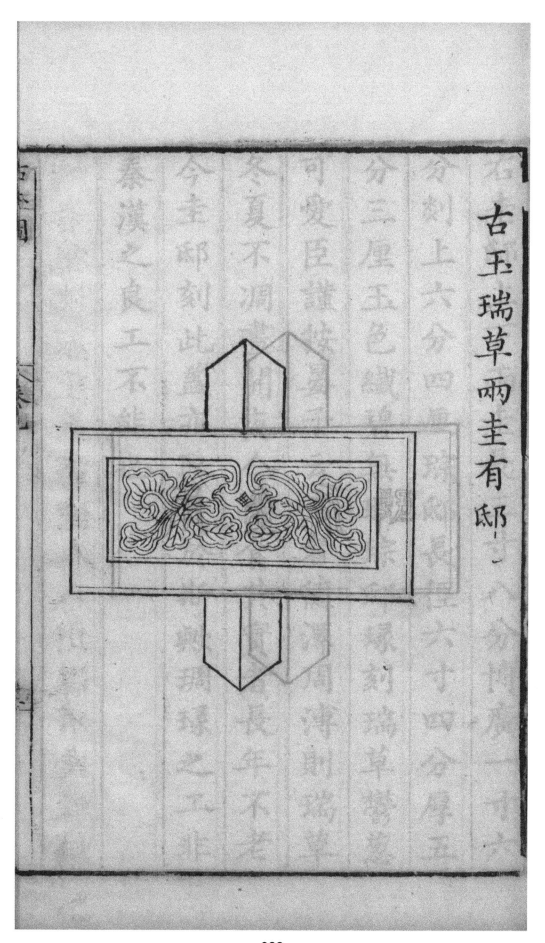

古玉瑞章兩圭有邸

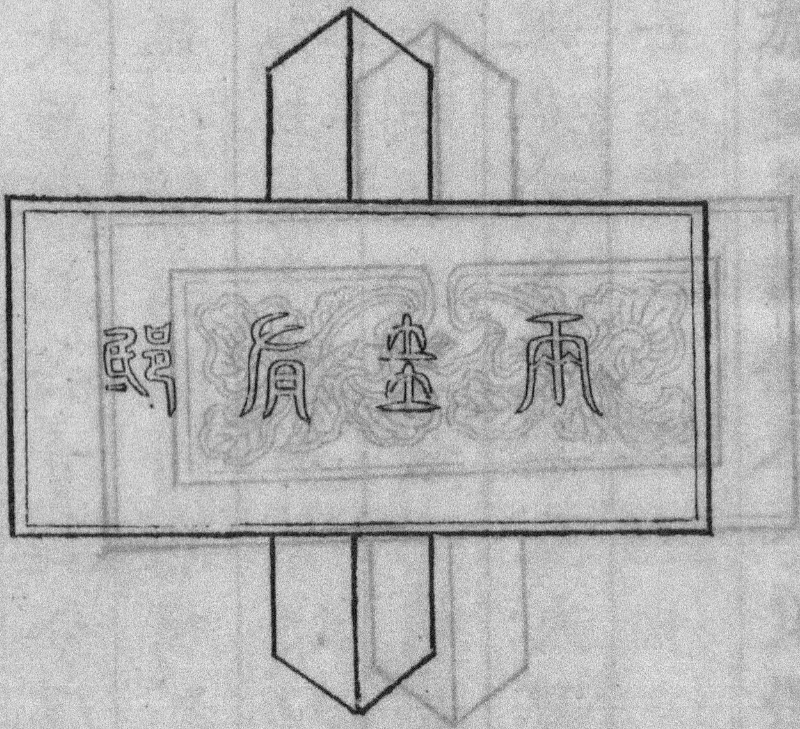

右圭邸上下兩圭長三寸八分博廣一寸六分剡上六分四厘琮邸長徑六寸四分厚五分三厘玉色纖碧無瑕琮邸瑑刻瑞草鬱葱可愛臣謹按晏子云王者德澤周溥則瑞草冬夏不凋晝開夜合得食其實者長年不老今圭邸刻此蓋亦取義於斯歟琱瑑之工非秦漢之良工不能也

秦漢之良工不能也
今圭邸刻此蓋亦取義於斯歟琱瑑之工非
冬夏不凋晝開夜合符會其實書長友年不老
可變臣謹按晏子云王者德澤周溥則瑞草
分三釐玉色纖瑩無瑕瑑邸隱刻瑞草鬱葱
分刻上六分四釐瑑邸長徑六寸四分厚五
右圭邸上下兩圭長三寸八分博廣一寸六

古玉瑞草兩圭有邸　二

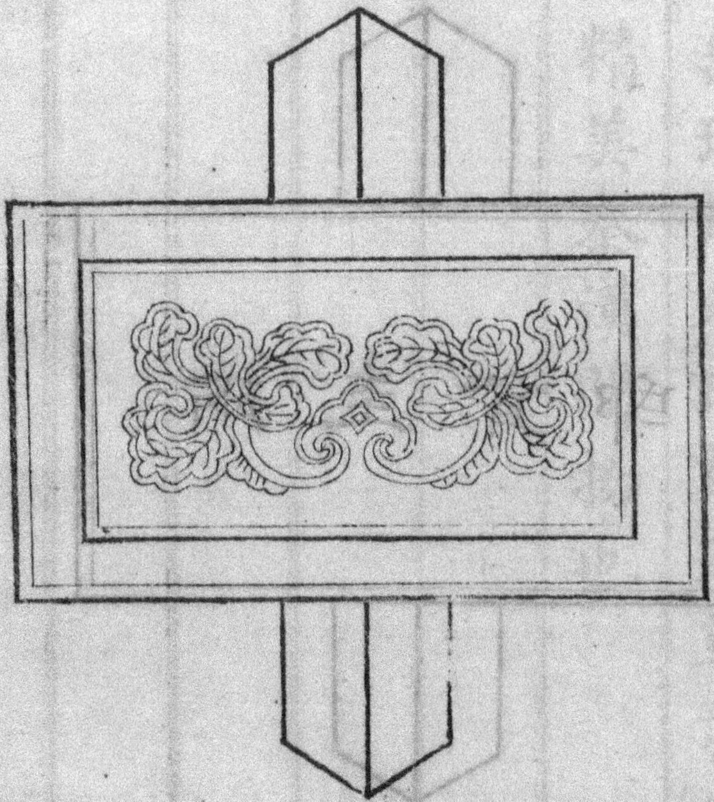

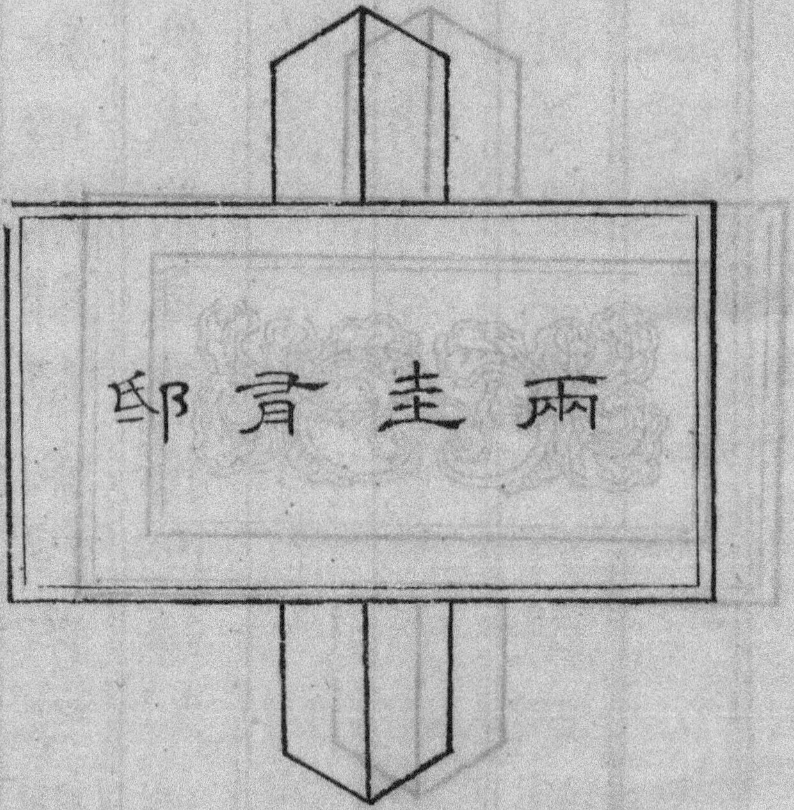
兩圭有邸

右圭邸長短濶狹厚薄與前圭邸相同玉色甘青瑩澈無瑕琮邸瑑刻瑞草亦與前圭邸髣髴琱文精美秦漢間物也

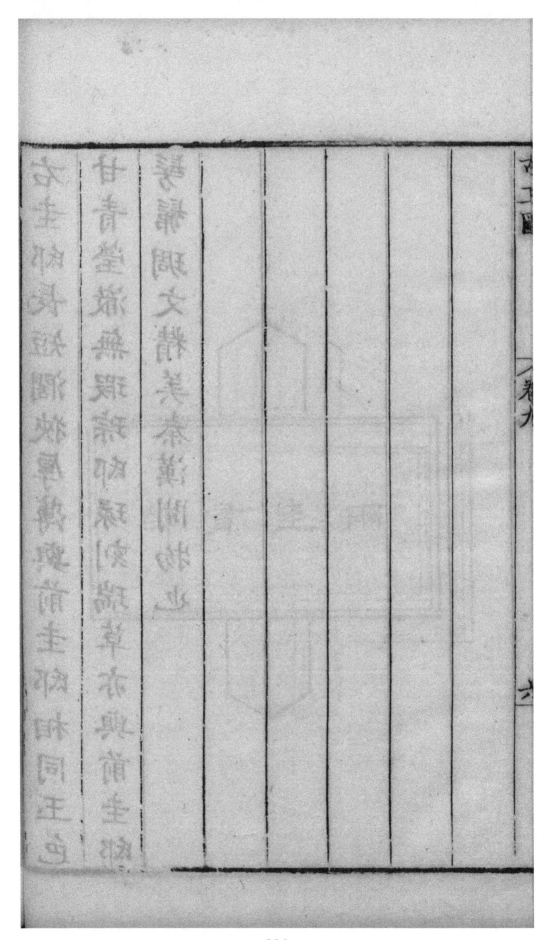

古玉蟠虬兩圭有邸

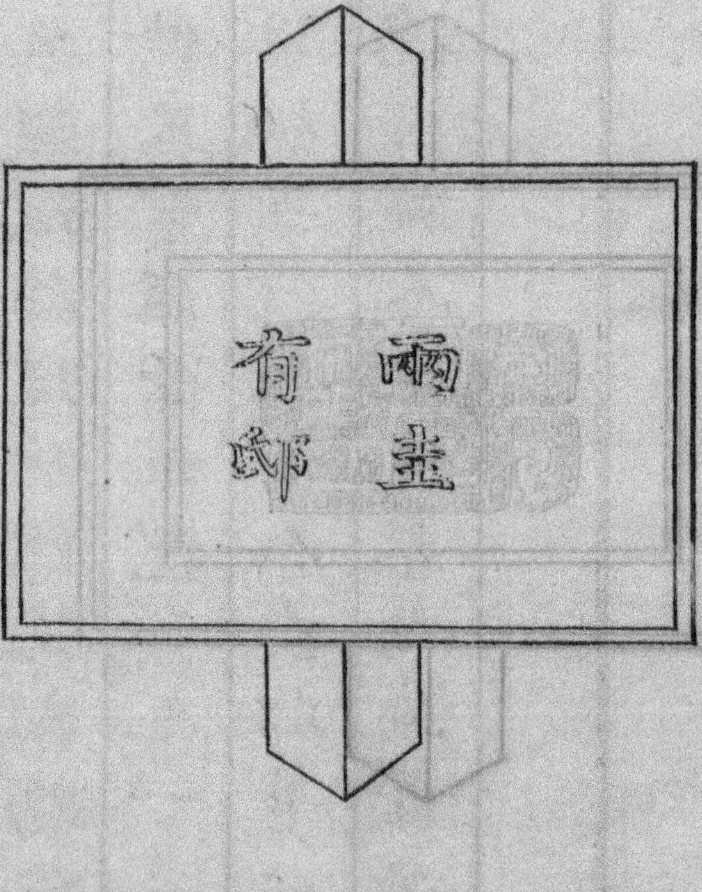
兩圭
有邸

右圭邸長短廣狹厚薄與前圭邸相同玉色甘黃如蒸栗瑩澈無瑕琮邸琢刻蟠虬之文

臣謹按豢龍氏龍經云虬龍種也一角而垂胡能變形巨細立致風雨今圭邸著此取其能變化以德澤施人也先秦之遺器歟

古玉連珠雷文兩圭有邸

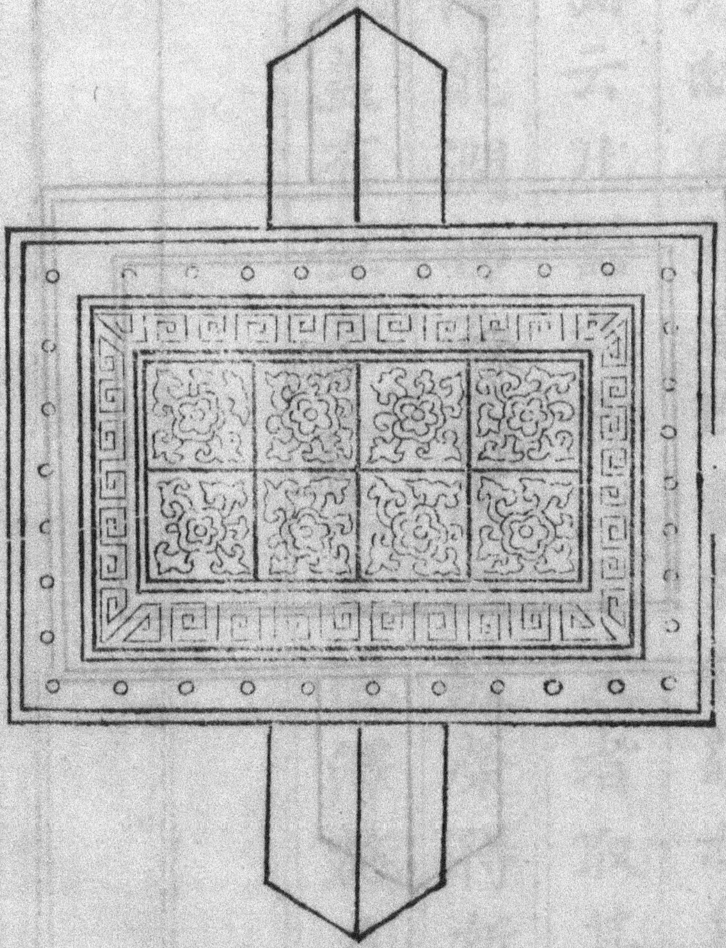

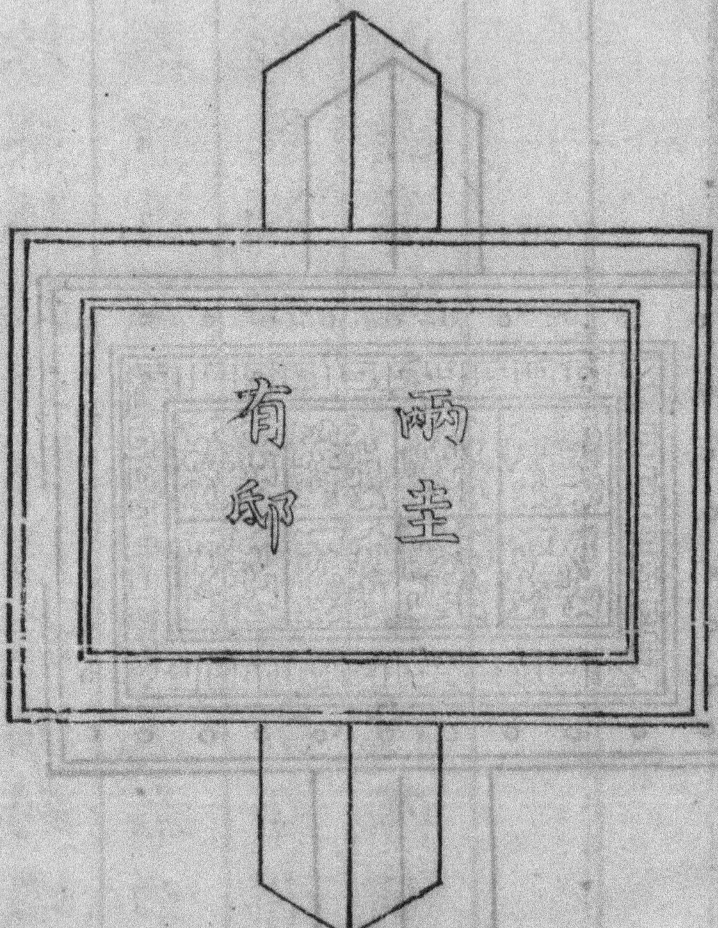

兩圭
有邸

右圭邸長短博廣厚薄悉如前邸玉色瑩白
而黴紅琮邸瑑刻連珠雷文異藹之象臣謹
按博古圖云凡器之飾以雷文者取其澤物
之義也澤能潤物而異藹之敷榮得所養矣
圭邸刻此蓋有望於人主之德澤施人歟

古玉百乳直紋兩圭有邸

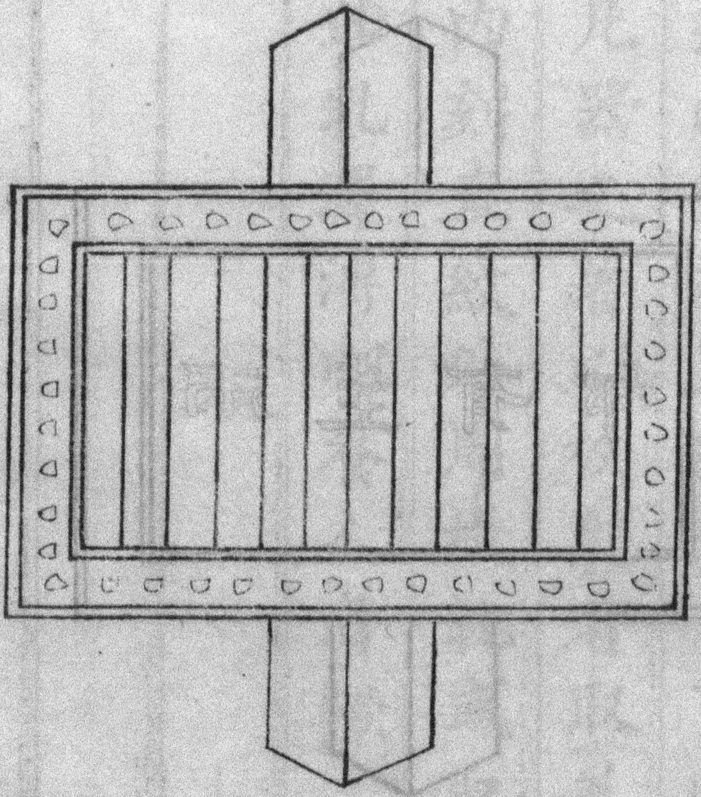

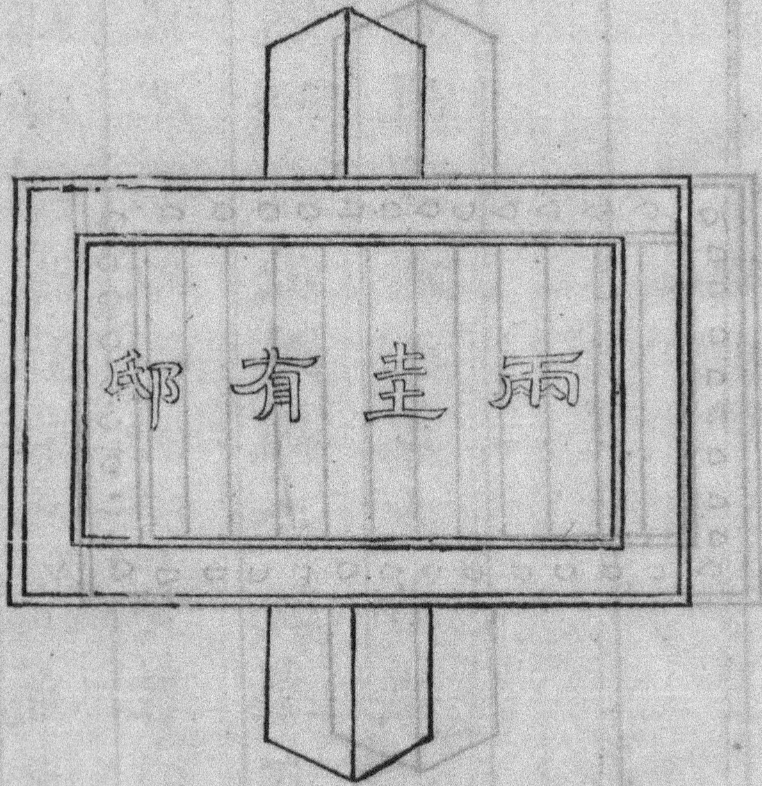
兩圭有邸

右圭邸長短廣狹厚薄悉同前邸玉色微青白而無瑕琮邸瑑刻直紋外周百乳臣謹按博古圖云凡器之著以枚乳者取養人之義也此圭邸内刻直紋外周枚乳乳或取其以直道而無偏曲乳澤溥以養人者歟

宋淳熙敕編古玉圖譜第九冊 終

古玉蟠夔四圭有邸

一

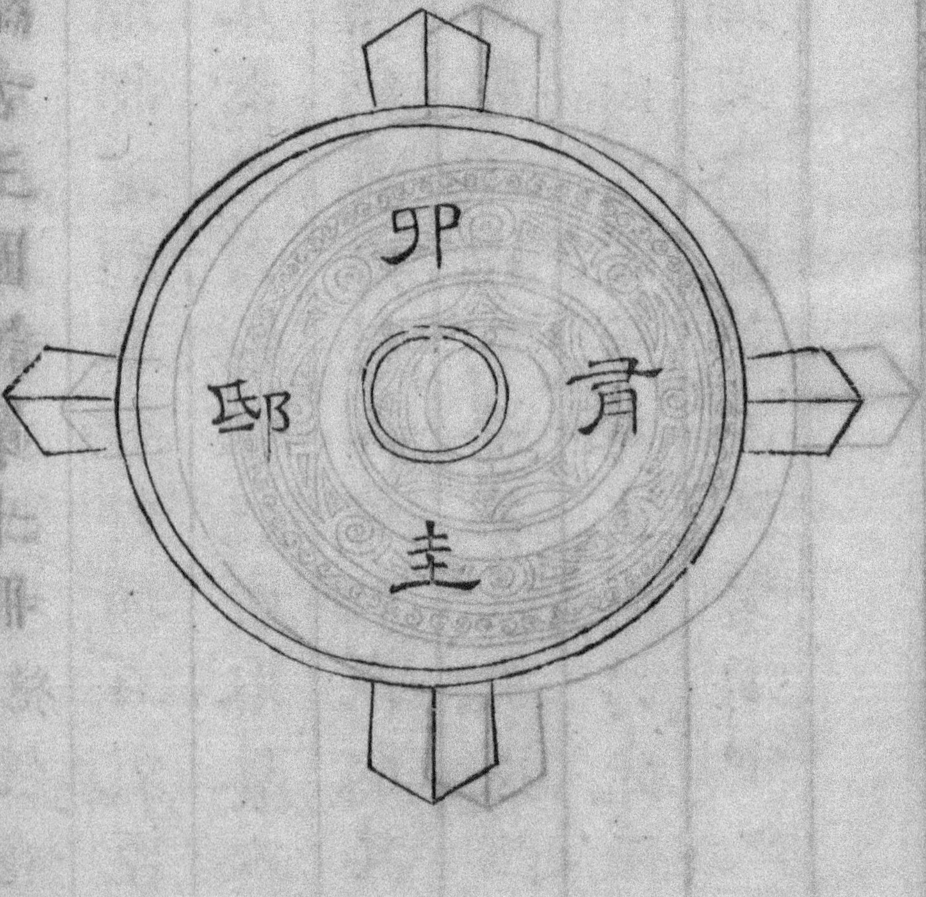
卯
有
圭
邸

右圭邸上下四旁之圭俱長三寸六分博廣一寸八分剡上七分璧邸圓徑一尺五寸厚五分六厘玉色瑩白如羊脂璊斑殷點如絳雪邸身之上遍染青翠或因與古銅器相鄰為之傳染耳璧邸瑑刻蟠夔之文臣謹按禮經云四圭有邸以祀天旅上帝乃先王之重寶也觀其琱文縟麗華而不繁周室之遺器也

也
寶也觀其周文縟麗華而不繁周室之遺器
經云四圭有邸以祀天旅上帝乃先王之重
為之傳條耳璽邸璪刻蟠夔之文臣謹按禮
雲邸身文上遍綠青暈成因與古銅器相雜
五分六厘玉色瑩白如羊脂瑞斑燦然如繡
一寸八分剡上七分璽邸圍徑一尺五寸厚
右圭邸上下四旁之圭俱長三寸六分博廣

古玉蟠雲四圭有邸

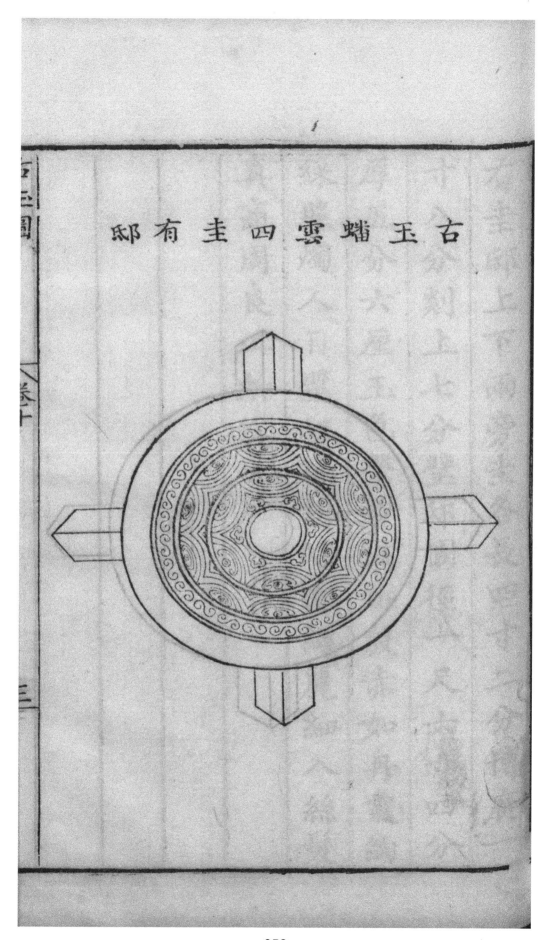

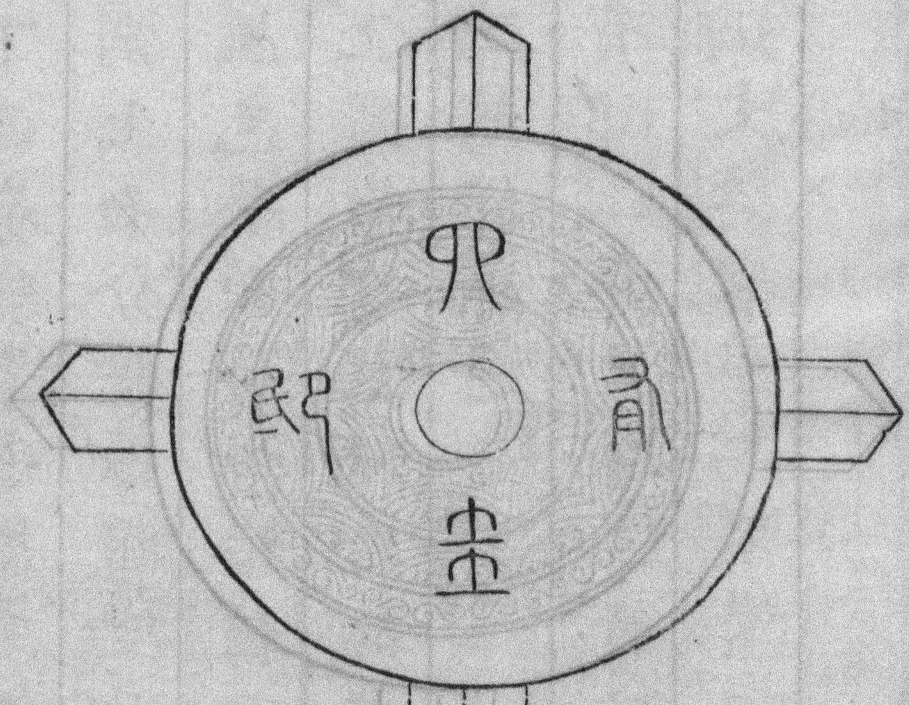

右圭邸上下兩旁圭各長四寸二分博廣一寸八分剡上七分璧邸圓徑一尺六寸四分厚五分六厘玉色瑩碧璊斑殷赤如丹霞絢綵照燭人目璧邸瑑刻蟠雲縟麗細入絲髮真商周良工所作也

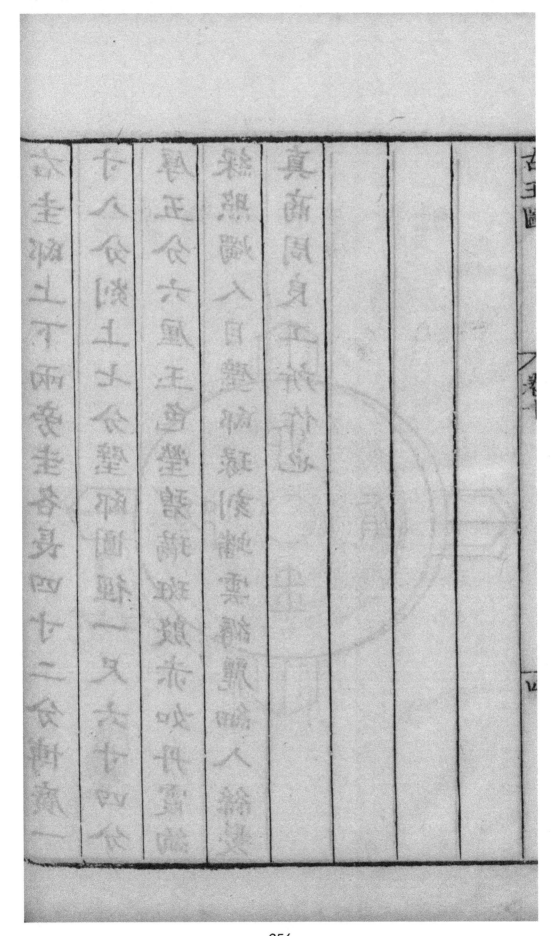

古玉蟠虬四圭有邸

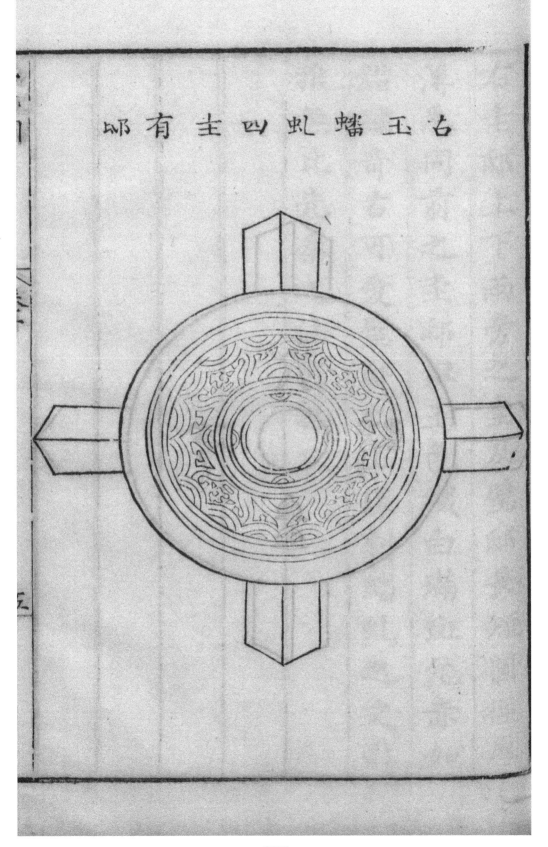

右圭邸上下兩旁之圭及璧邸長短圓徑厚薄悉同前之圭邸但玉色纖白璊斑元赤如錯繡奇古可愛璧邸之上瑑刻蟠虬之文醇雅無比先秦之法器也

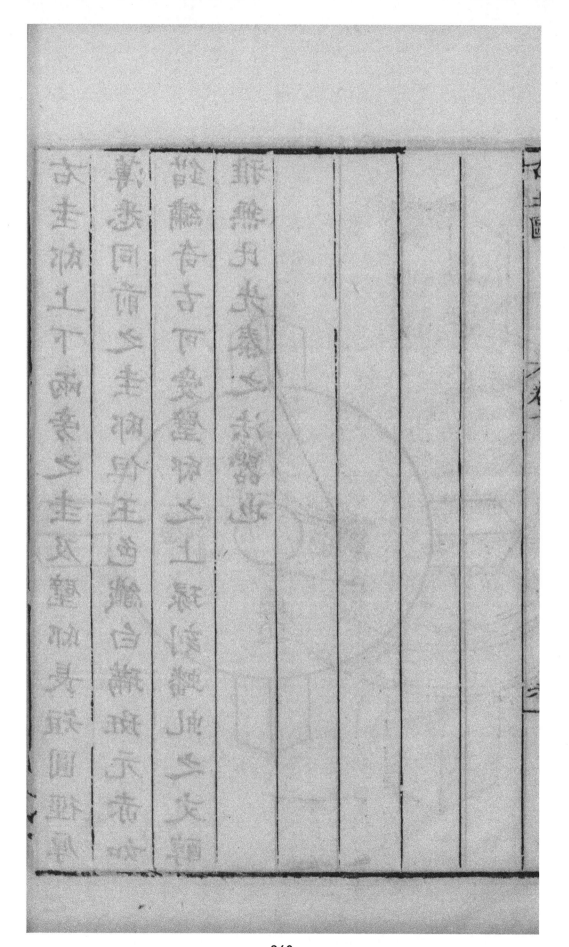

漢玉五岳圖四圭有邸

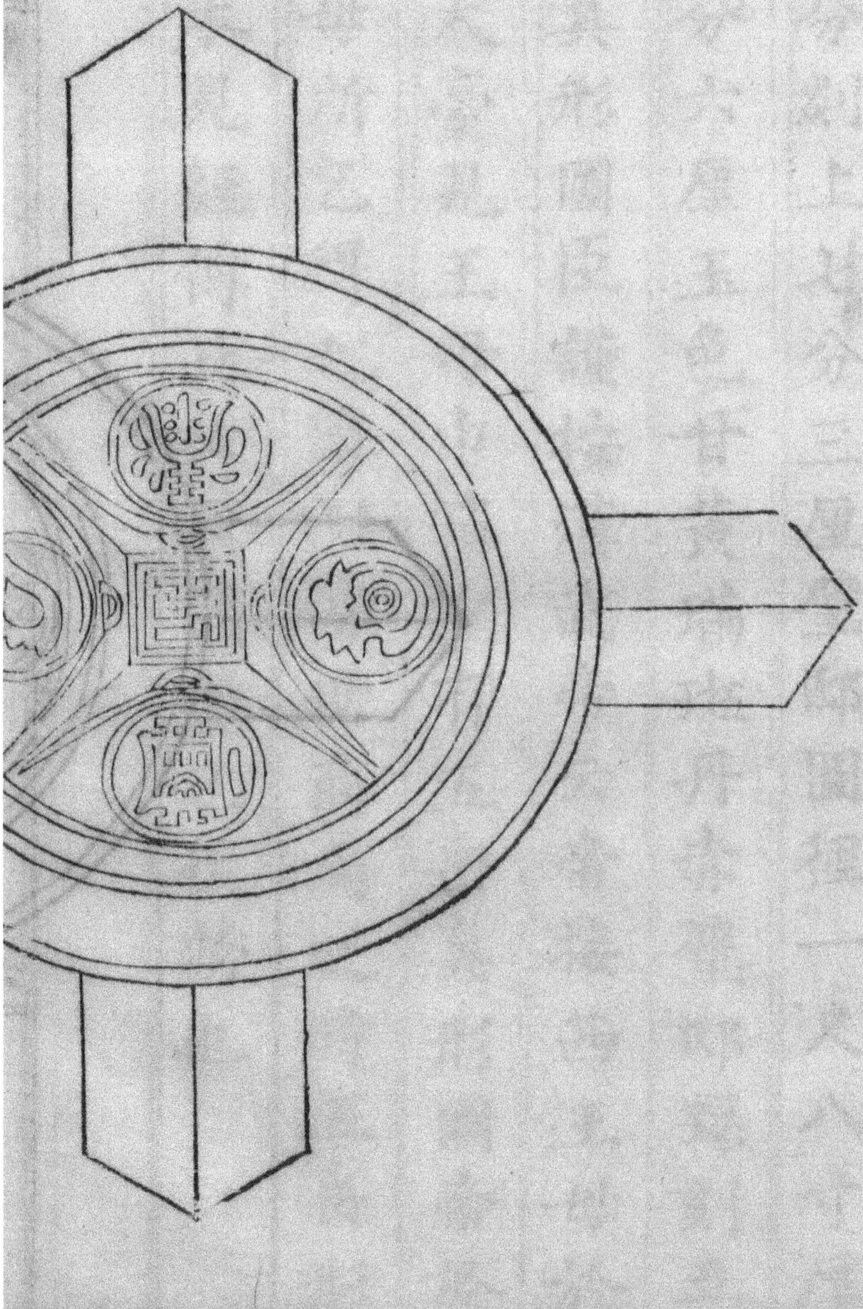

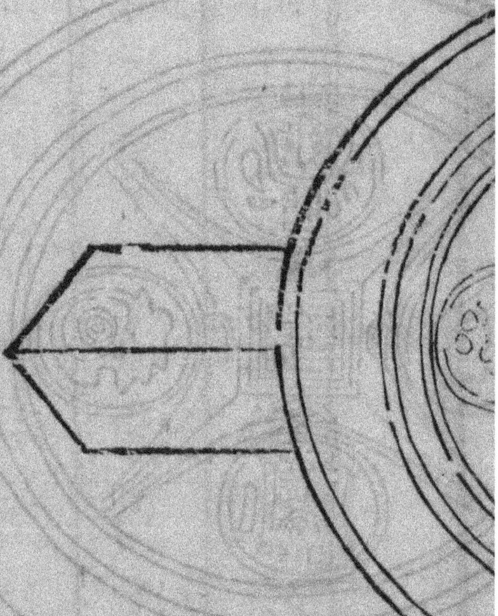

右圭邸上下兩旁之圭各長五寸博廣一寸八分剡上七分三厘璧邸圓徑一尺八寸厚五分六厘玉色甘黄璊斑丹赤璧邸瑑刻五岳真形圖臣謹按漢武帝云帝接西王母於通大臺見王母巾箱中有五岳真形圖帝於王母所乞得之因以傳世商周之時五岳形圖未見經傳此必漢武帝已後物也

圖未見經傳此必漢武帝已後物也
王母所乞得之因以傳世商周之時五岳古形
通天臺見王母巾箱中有五岳真形圖帝於
岳真形圖屈體授漢武帝云帝接西王母於
五分六厘玉色甘黃褥斑丹赤璺紋填刻五
八分剡上火分三厘璺紋圖極一又八寸厚
左圭府上下兩旁之主各長五寸博廣一寸

古玉雲雷四圭有邸

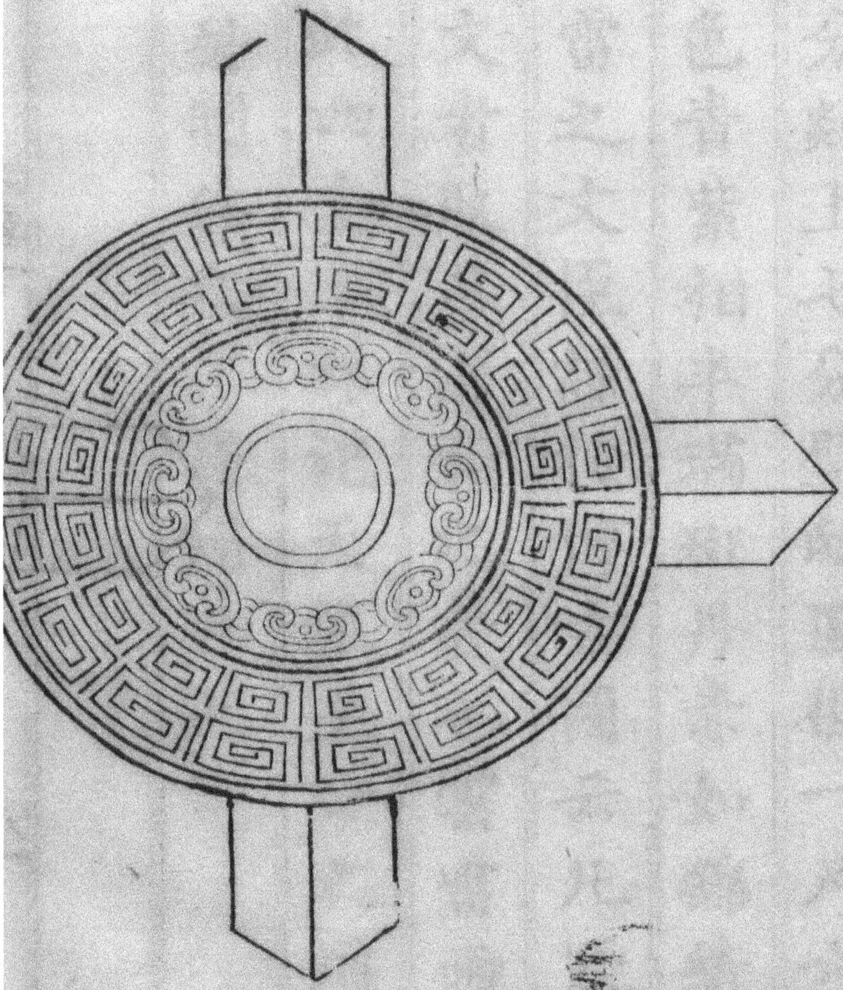

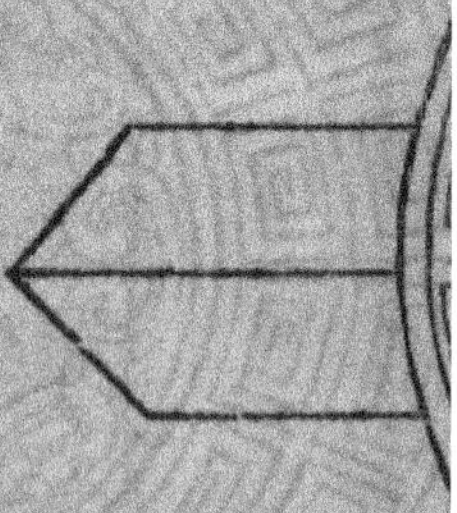

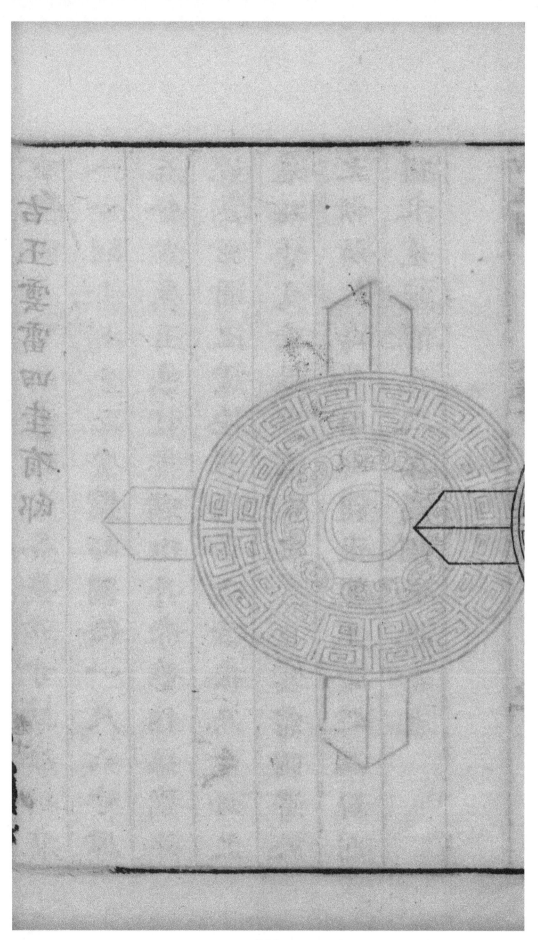

右圭邸上下兩旁之圭各長四寸二分博廣一寸七分剡上七分璧邸圓徑一尺六寸厚五分玉色青紫相半瑞斑丹赤如錦綺璧邸瑑刻雲雷之文臣謹按博古圖云凡器物之着雲雷文者取其澤物之義也雲雷兩澤天之所施此四圭有邸祀天旅上帝之用瑑刻得其宜矣制作之工商周物也

得其宜矣制作之工商周物也

之所藏此四圭有邸祀天旅上帝之用琢刻着雲雷文者取其澤物之義也雲雷雨澤天象刻雲雷之文臣謹按博古圖云凡器物之五分玉色青紫相半瑞斑丹赤如錦繡鐫邸一寸七分剡上七分璧邸圓徑一尺六寸厚右圭邸上下兩旁之圭各長四寸三分博廣

古玉素質四圭有邸

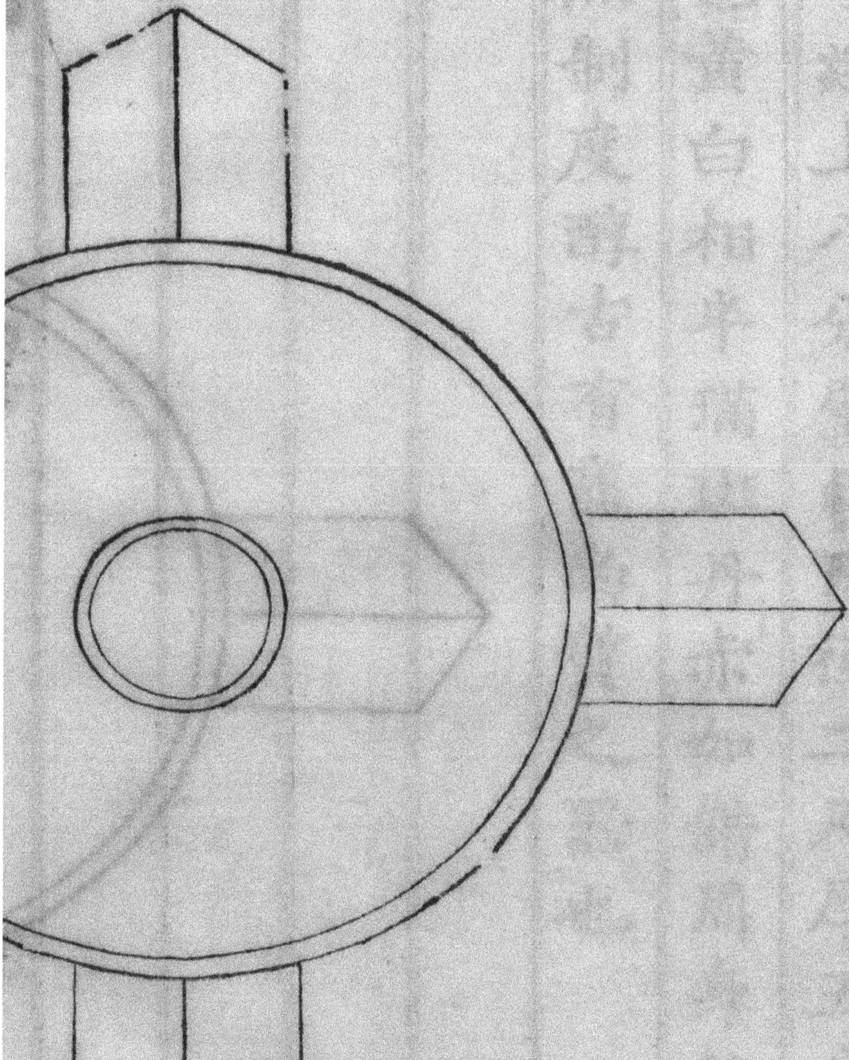

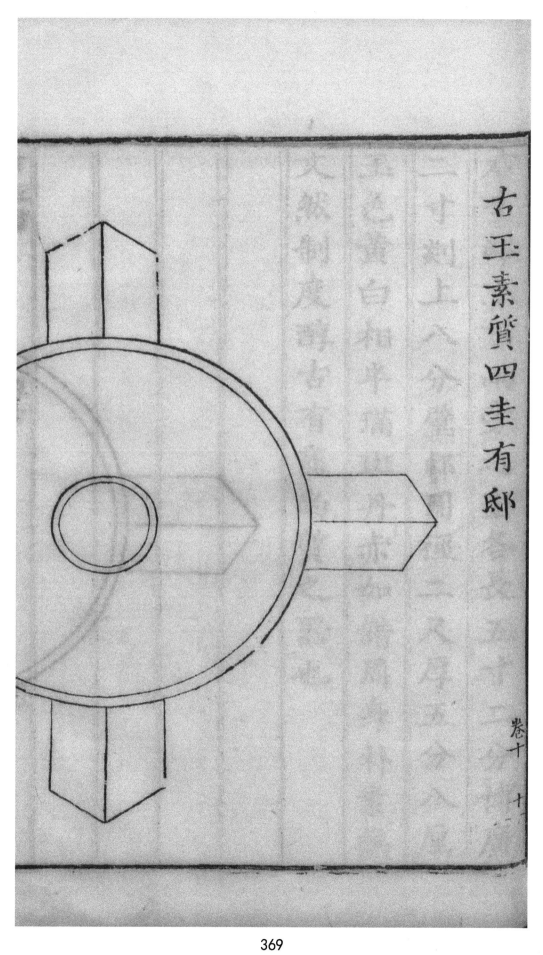

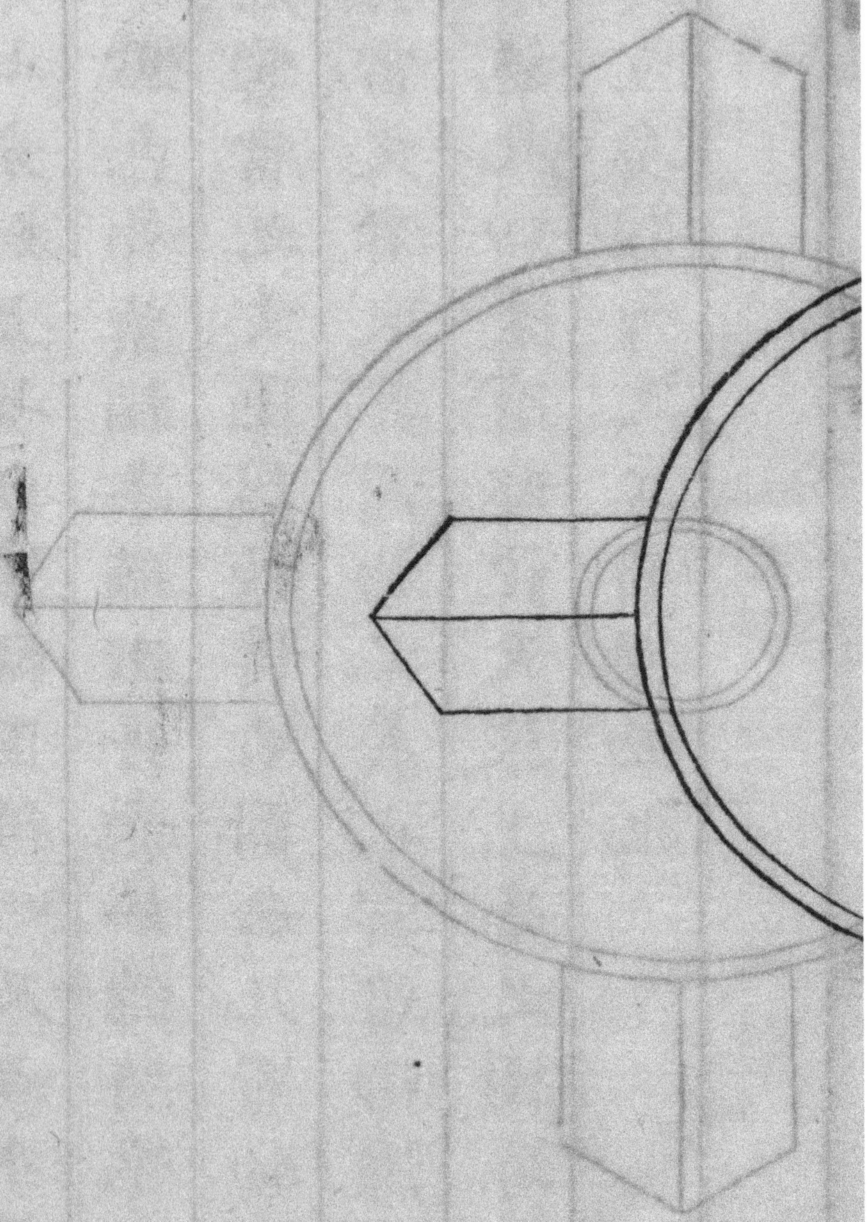

右圭邸上下兩旁之圭各長五寸二分博廣二寸剡上八分璧邸圓徑二尺厚五分八厘玉色黃白相半璊斑丹赤如錯周身朴素無文然制度醇古有商尚質之器也

宋淳熙敕編古玉圖譜第十冊終

宋淳熙敕編古玉圖譜第十一冊

古玉蟠虬拱璧

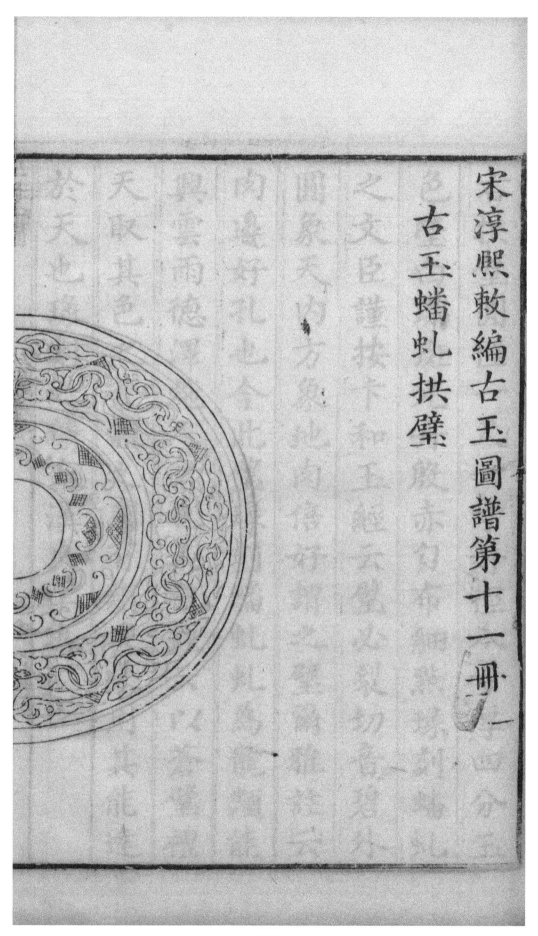

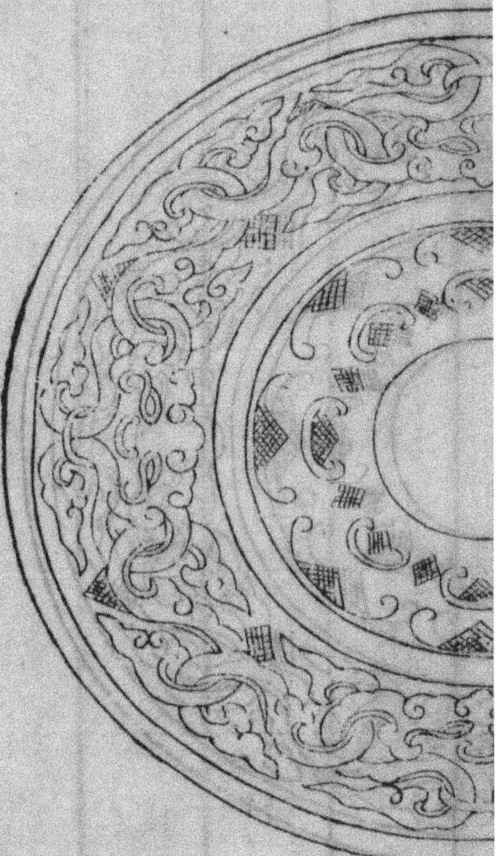

右拱璧圓徑一尺六寸好徑八寸厚四分玉
色瑩白瑀斑元丹殷赤匀布細點瑑刻蟠虬
之文臣謹按卞和玉經云璧必裂切音碧外
圓象天內方象地肉倍好謂之璧爾雅註云
肉邊好孔也今此璧瑑刻蟠虬虬為龍類能
興雲雨德澤施人者也又禮經云以蒼璧禮
天取其色之蒼體之圜有類天象用其能達
於天也瑑刻之精秦漢良工也

於天也緣劉文精奏炎成土也
天取其色之義備文德亦貞天象用其能位
與宜而後乎流入於也天龍豫云以為重傳
肉邊好孔也今此璧璧測戴肉孔為肉說戴說
圓象天內方象地肉倍好謂之璧陽雅註之
之文臣蓮玦十和王鑑云璧也寶切音若外
也璧白璃瑗元井說亦白布細璃環剛肆說
有好者圓價一又六十好價入寸厚四分五

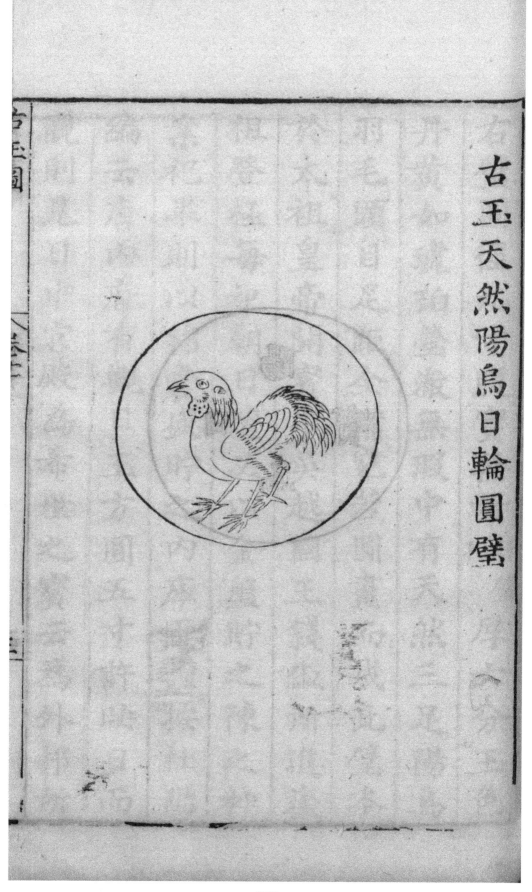

古玉天然陽烏日輪圓璧

陽烏日寶

右璧圓徑九寸腹實無好好璧孔厚六分玉色
丹黃如琥珀瑩澈無瑕中有天然三足陽烏
羽毛頭目足距全備宛若圖畫而成此璧本
於太祖皇帝開寶中吳越國王錢俶所進徽
祖登極每祀朝日壇必以金盤貯之陳之神
案祀畢則以錦囊盛貯之內庫臣謹按杜陽
編云唐內府有觀日玉方圓五寸許映日而
觀則見日中宮殿為希世之寶云為外邦所

貢未若此璧之奇特也不知錢俶何從得之真希世之瓌寶也

古玉天然山河影月輪圓璧

山河影

右璧圓徑八寸厚六分腹實無好玉色微青瑩澈無瑕中有天然山河之影細若圖畫此璧同前陽烏璧俱開寶中錢俶所進嶽祖每祀夕月壇亦以金盤貯陳神案云臣謹按佛國記云如來世尊在兜率天宮為諸天帝釋説法月宮天子獻月輪寶璧中現月天宮殿晦夜置之暗室皎如白晝云云當與此璧同為奇寶也

為寺寶也
嘯夜置之暗室放如白晝云云當與此璧同
說法月宮天子殿月輪寶璧中現月天宮殿
圖記云如來世尊在兜率天宮為諸天帝釋
祀夕月壇亦以金盤所陳神幣云臣謹按佛
璧同前勝爲璽潤開寶中錢俶所進瓏祖舞
璧澈無瑕中有天然山河之影細若圖畫此
古璧圓徑八寸厚六分瑕質無疵玉色微青

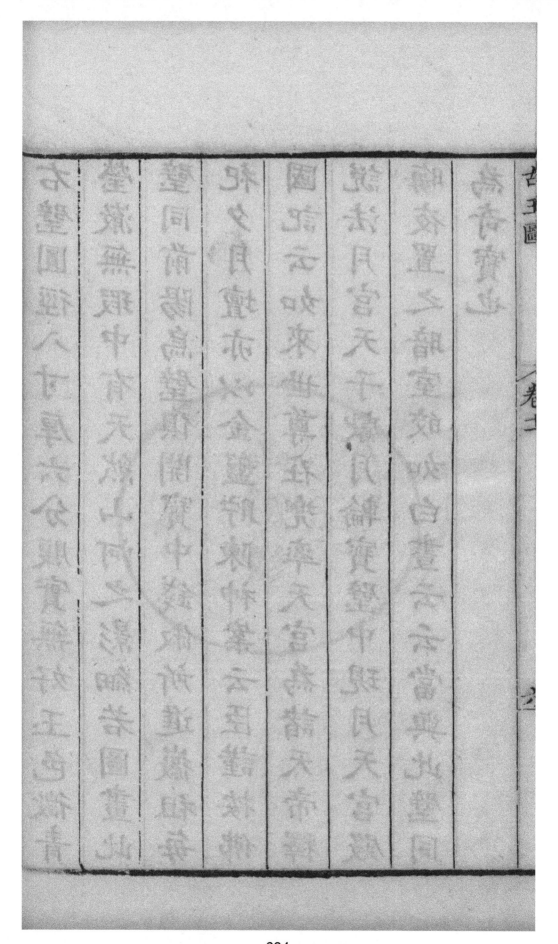

古玉山元文小璧

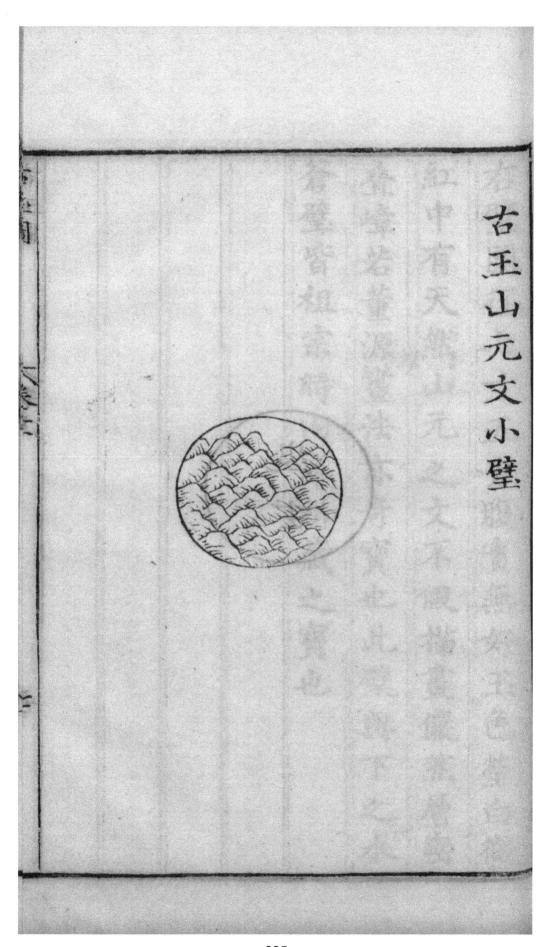

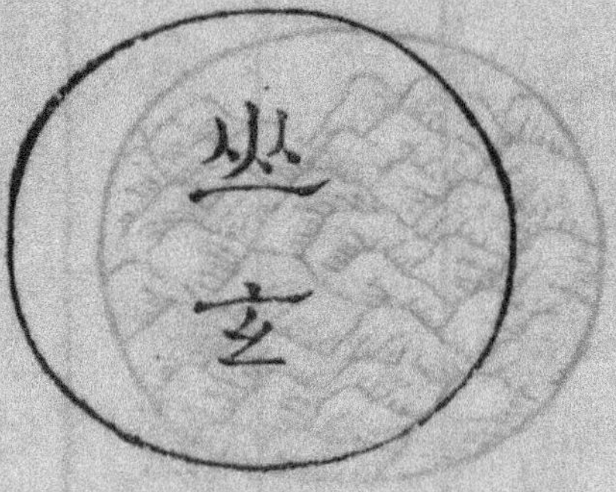
丛
玄

右璧圓徑七寸五分腹實無好玉色瑩白微紅中有天然山元之文不假描畫儼然層巒疊嶂若董源畫法亦奇寶也此璧與下之水蒼璧皆祖宗時内庫所藏之寶也

古玉水蒼文小璧

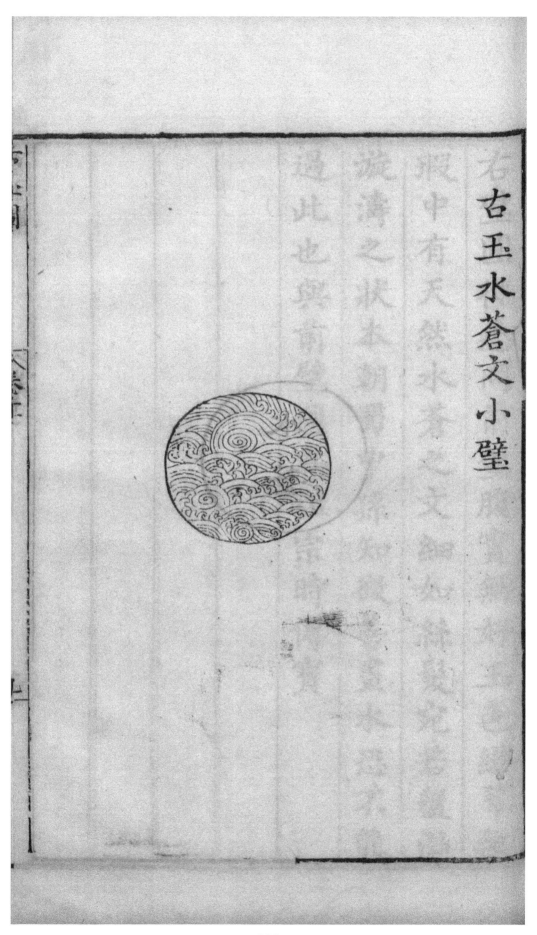

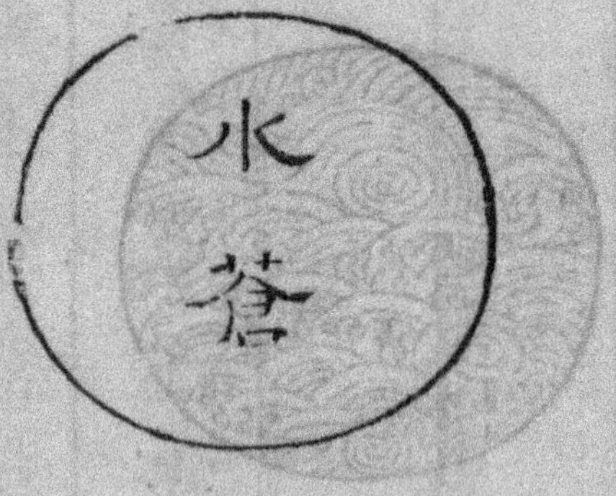
水蒼

右璧圓徑悉同前璧腹實無好玉色纖翠無瑕中有天然水蒼之文細如絲髮宛若盤渦漩濤之狀本朝蜀中孫知微善畫水恐不能過此也與前璧同為祖宗時傳寶

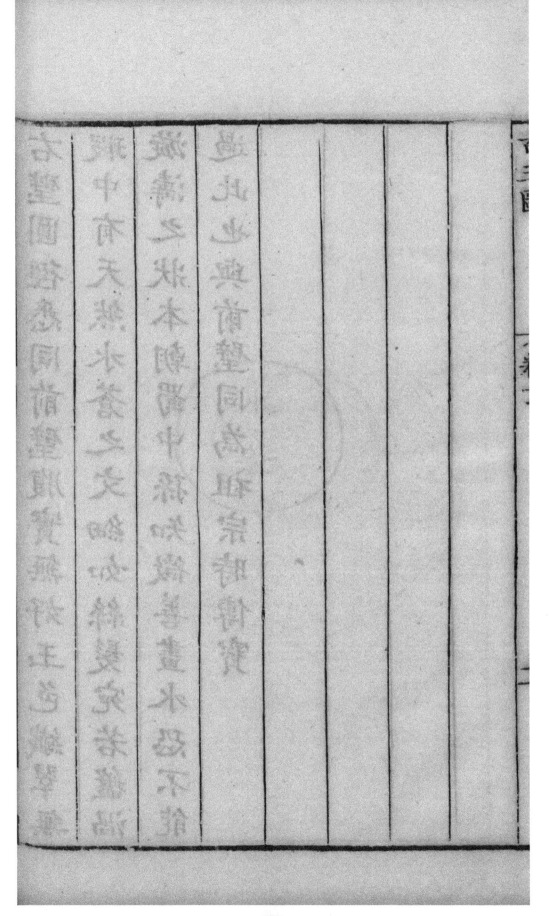

古玉山元水蒼文合璧

山水合

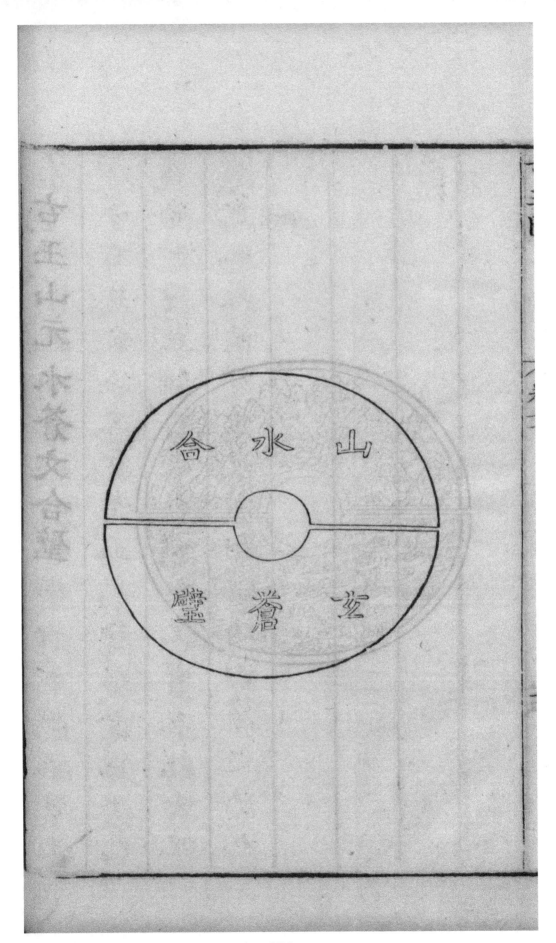

玄蒼璧

右合璧圓徑一尺二寸好徑六寸厚五分上下各半璧合成山元璧玉色青水蒼璧玉色碧璊斑句點如絳雪合璧之上有天然山元水蒼之文最為瓌異亦祖宗時内庫之珍也

宋淳熙敕編古玉圖譜第十六冊 終

漢玉十六符璧

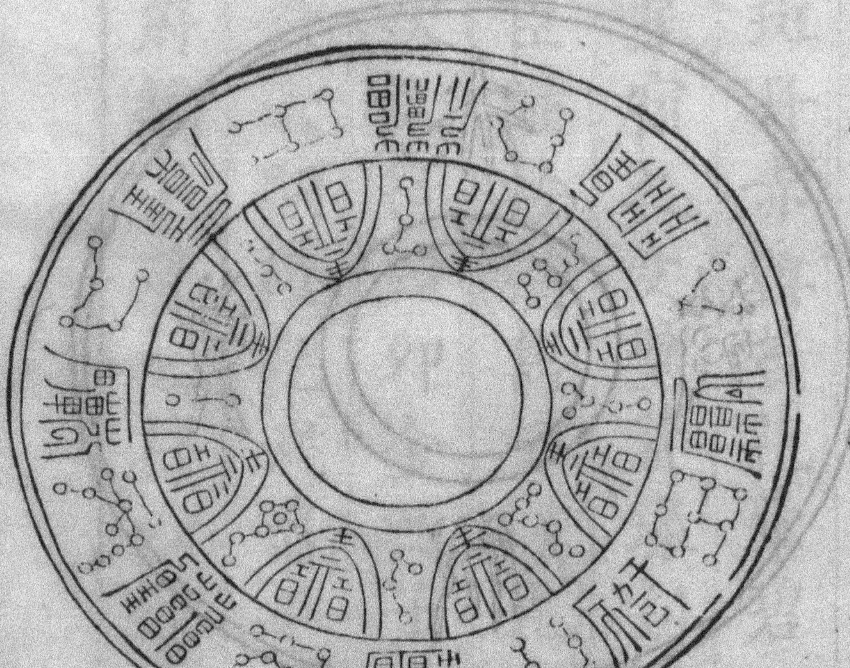

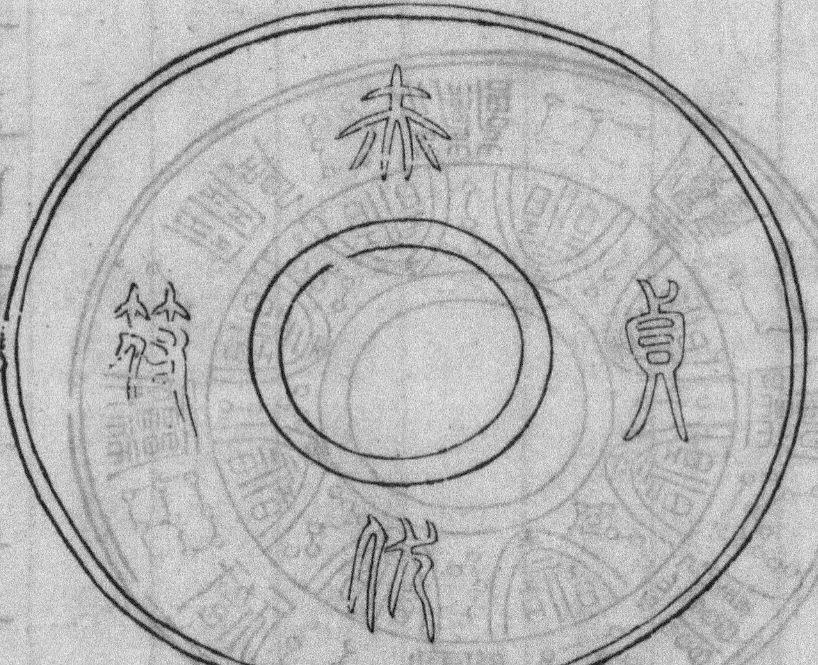

右璧圓徑一尺六寸好徑六寸厚四分二厘
玉色甘黃璊斑丹赤與苔花暈碧如錯繡璧
面瑑刻符篆星宿之文璧背瑑刻篆文四字
曰赤伏貞符臣謹按漢雋云漢光武於白水
鄉社神授赤伏之符曰夘金之子秉赤帝之
權以鎮社稷云云嗣後光武翦平羣寇而有
天下乃敕少府鐫玉璧之符以鎮名山大川
即此璧也

印此璽也
天下乃敕沙府鑄玉璽之符以鎮名山大川
權以鎮社稷云云嗣後究成萬年章冠石有
繇社神授赤伏之符曰卯金之子秉赤帝之
曰赤伏負符臣謹按讖書云漢光武於白水
函緣刻符篆星宿之文璽背緣刻篆文四字
五色甘黄瑞斑丹赤與蒼花暈碧如錯繡璧
石璧圓徑一尺六寸好徑六寸厚四分二厘

漢玉十六符璧二

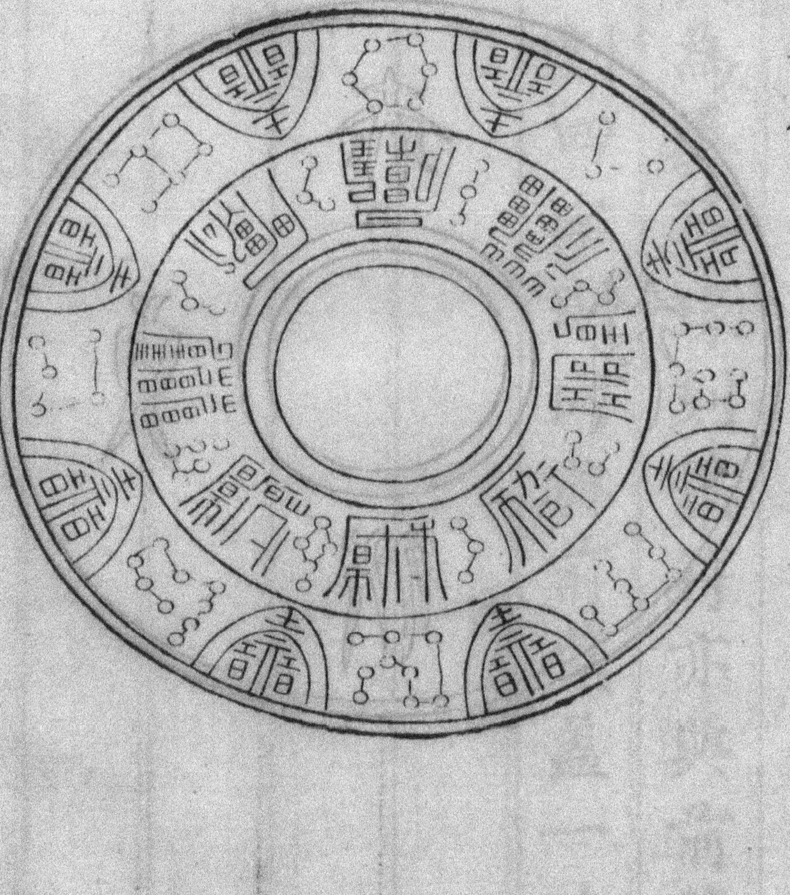

右璧肉好圓徑厚薄與前璧相同惟玉色翠碧璊斑丹黃為異耳瑑刻篆符亦與前璧稍别而璧背所刻四字則同與前璧蓋一時之物也

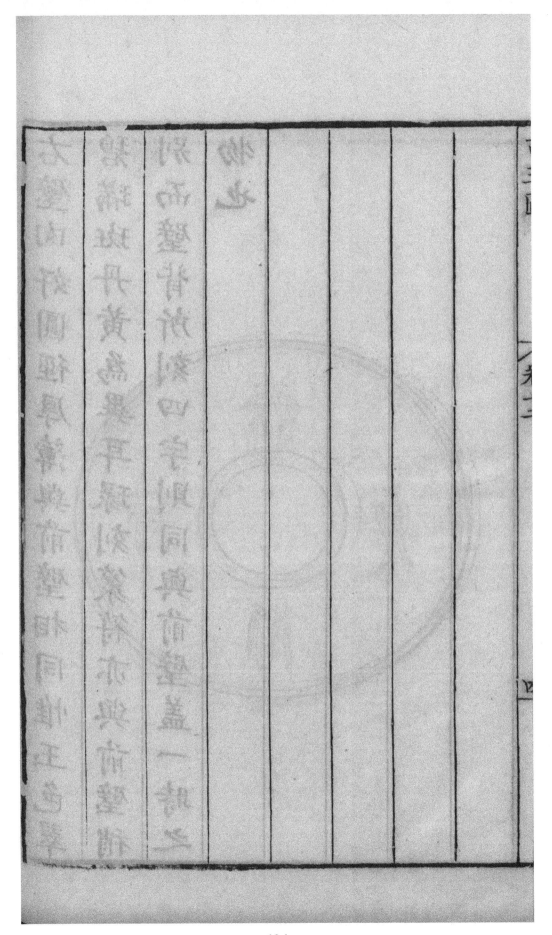

古玉素質璧

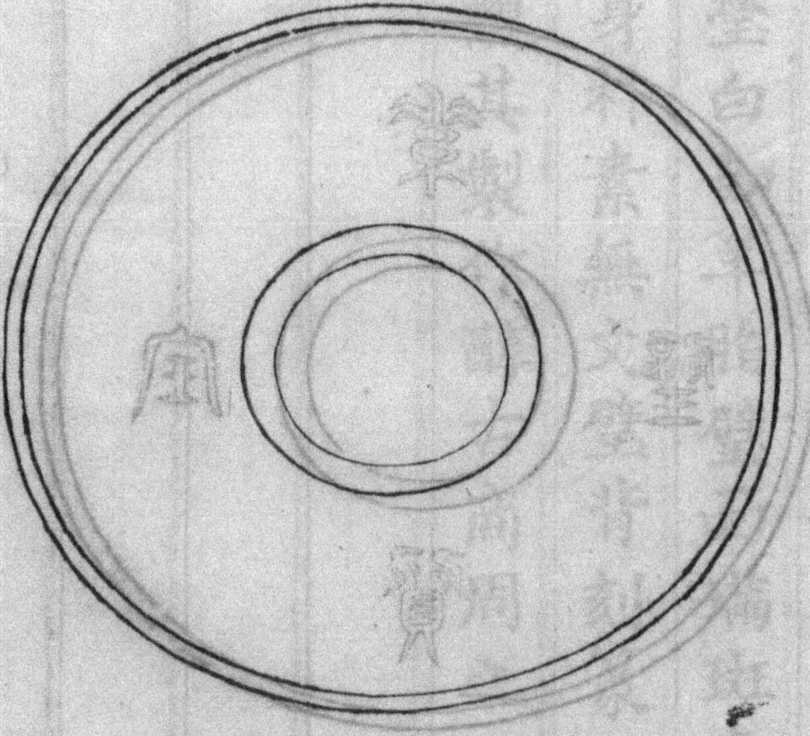

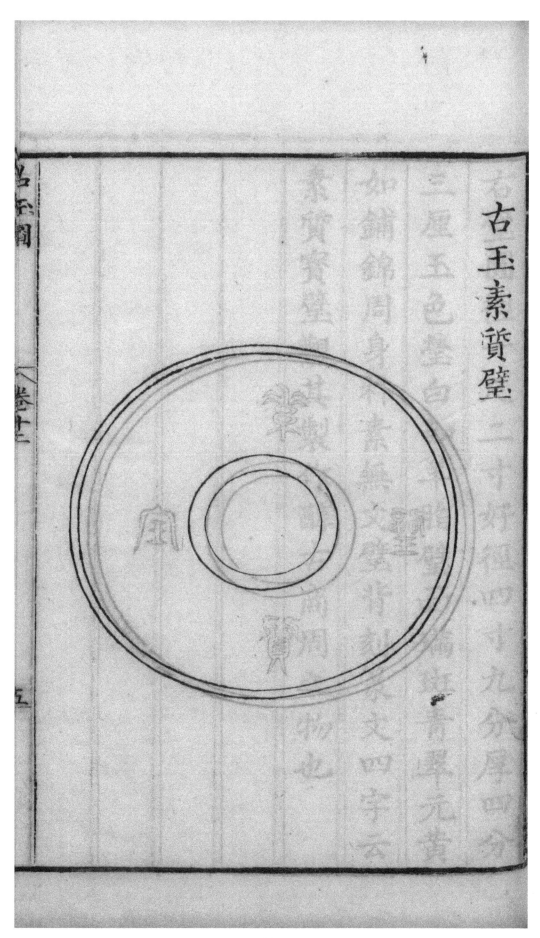

古玉章寳璧

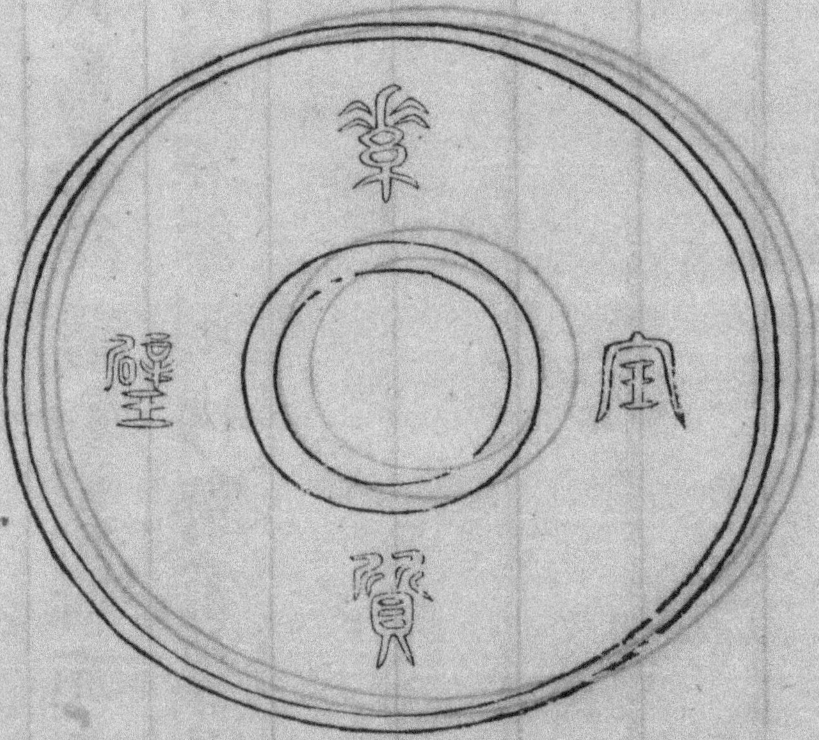

右璧圓徑一尺二寸好徑四寸九分厚四分三厘玉色瑩白如羊脂璧面璊斑青翠元黃如鋪錦周身朴素無文璧背刻篆文四字云素質寶璧觀其製作醇古商周之物也

素質寶璧觀其製作醇古商周之物也

如鏽錦周身朴素無文璧背刻篆文四字云

三匣玉色瑩白如羊脂璧面糯斑青碧元黄

古璧圓徑一尺三寸好徑四寸九分厚四分

古玉素質璧 二

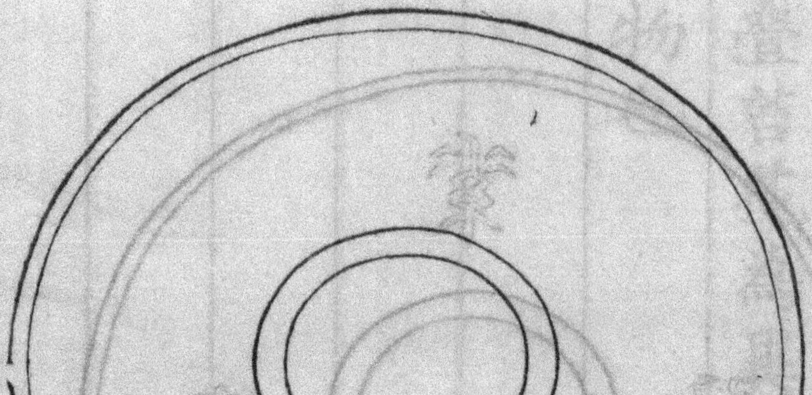

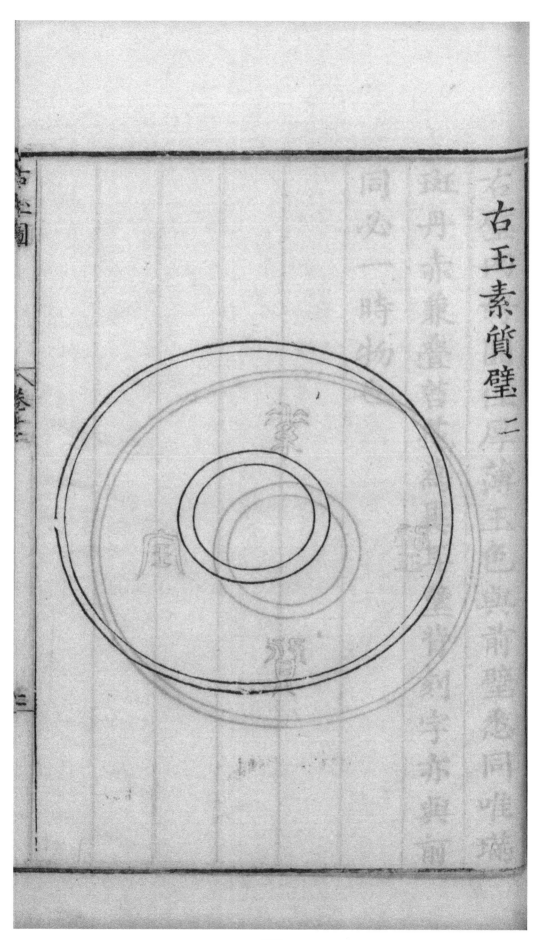

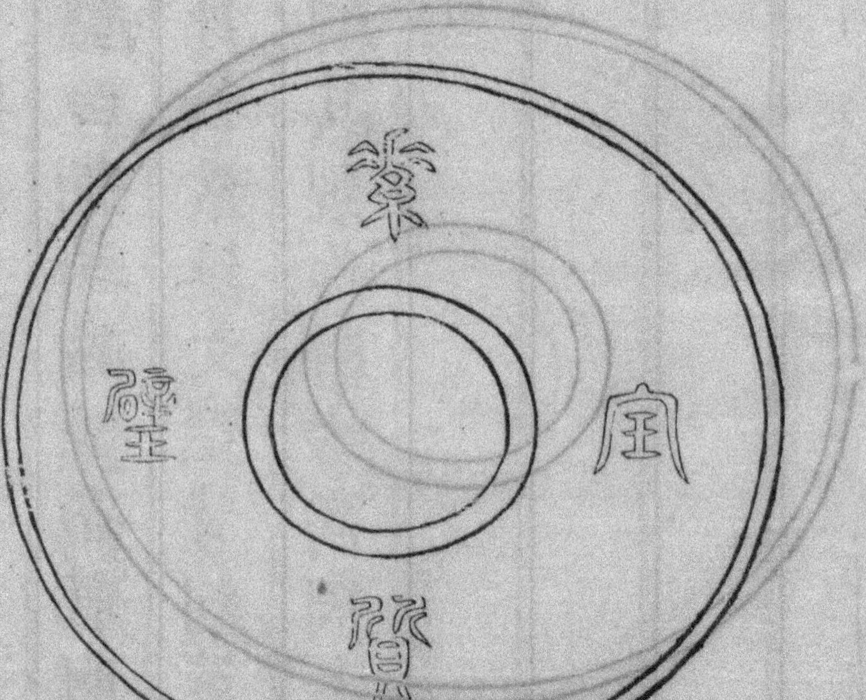
素
寶
質
璧

右璧肉好圓徑厚薄玉色與前璧悉同唯瑞斑丹赤兼疊苔花為異耳璧背刻字亦與前同必一時物也

同必一時物也

班丹赤兼瑩澀皆花紋黒異耳瑩澀背刻字亦與前

右璧肉好圓徑八寸許玉色與前璧色同惟滿

古玉四象璧一

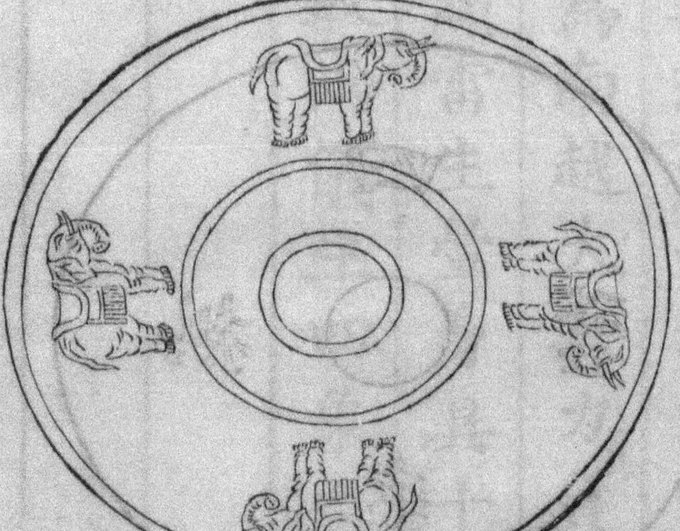

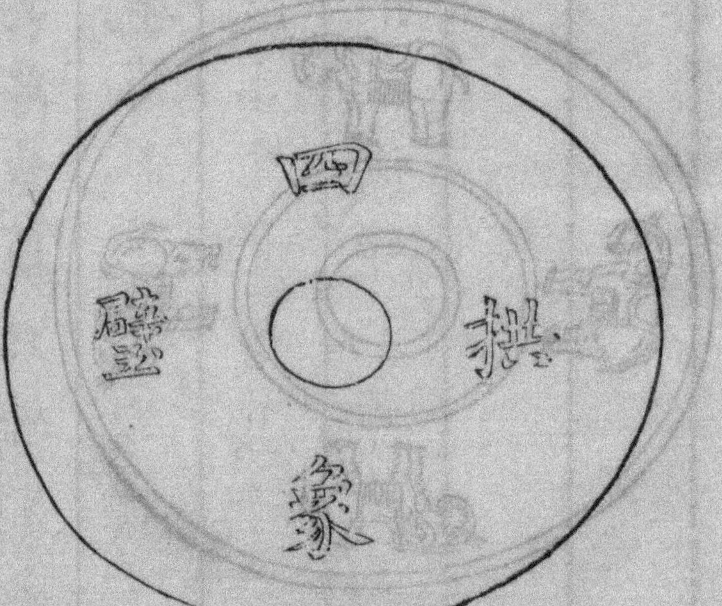
四
拱
象
璧

右璧圓徑一尺六寸好徑六寸厚五分玉色淡紫而瑩澈無瑕璧面瑑刻四象之形臣謹按獸經云象為南越大獸力負千鈞其用在鼻口有六牙聞雷生暈身具十二生肖之肉今璧上刻此取兩儀生四象之義也漢人之所作歟

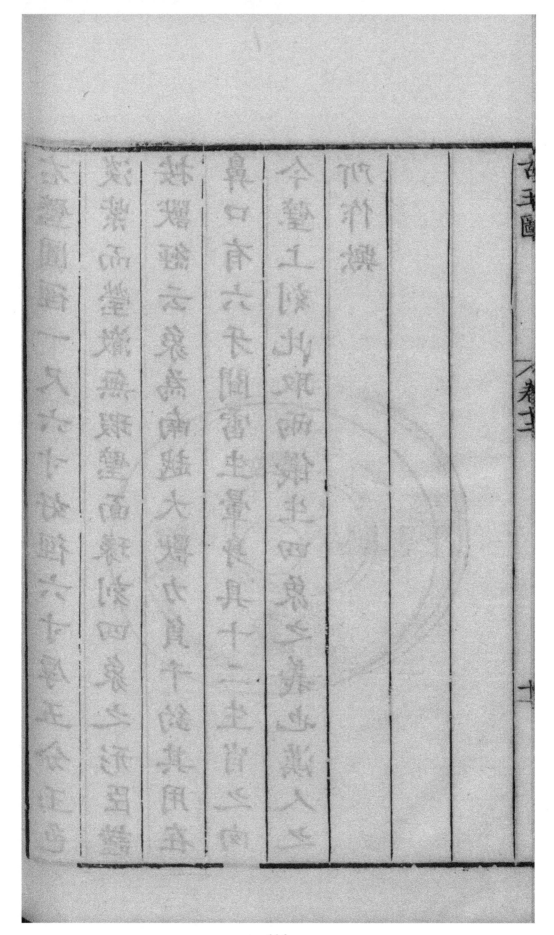

古玉四象璧

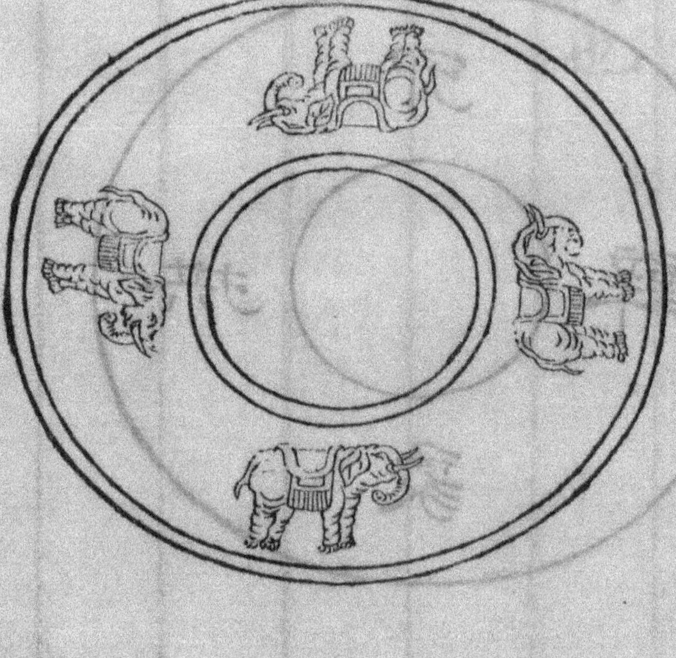

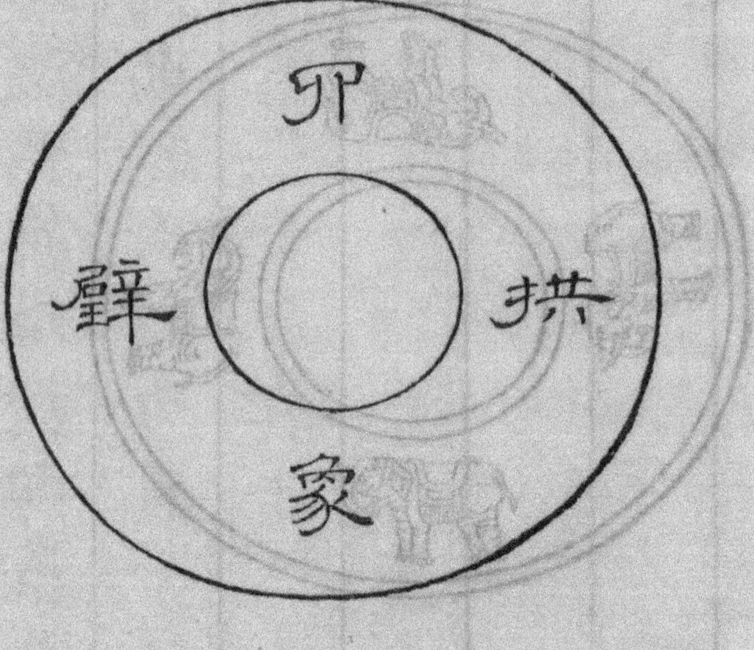
卯
拱
象
辟

右璧肉好圓徑厚薄與前璧相同唯玉色甘青璊斑勻點瑑刻四象外行為異耳觀其制作亦漢人所為也

宋淳熙敕編古玉圖譜第十二冊 終

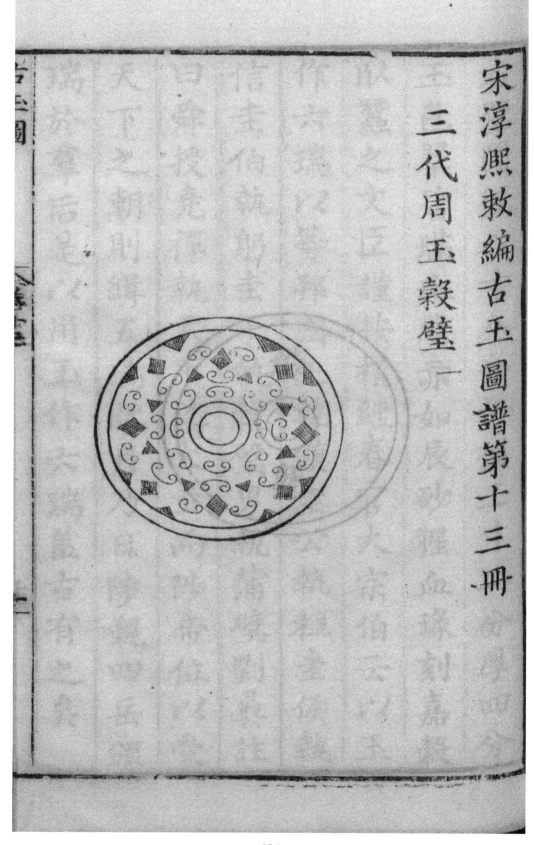

宋淳熙敕編古玉圖譜第十三冊

三代周玉穀璧一

三代周玉穀璧 十

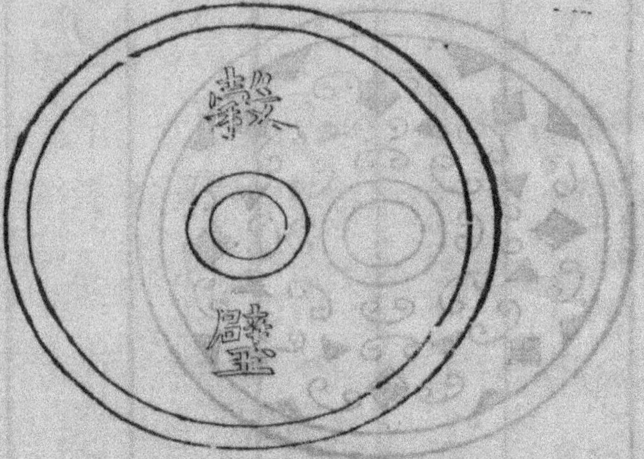

宋淳熙敕編古玉圖譜第十三冊

右璧圓徑八寸八分好徑三寸二分厚四分玉色翠碧瓗斑殷赤如辰砂猩血瑑刻嘉穀臥蠶之文臣謹按禮經春官大宗伯云以玉作六瑞以等邦國王執鎮圭公執桓圭侯執信圭伯執躬圭子執穀璧男執蒲璧劉爇註曰舜授堯禪執天下之大圭而陟帝位以受天下之朝則緝五瑞既月乃日陟覲四岳頒瑞於羣后是以用玉作六瑞蓋古有之矣

瑞於聿后是以周王作六瑞蓋古有之矣
天下之朝則緝五瑞既月乃日覲四岳牧
曰舜受堯禪執天下之大圭而踐帝位以受
信圭伯執躬圭子執穀璧男執蒲璧則與諸
作六瑞以等邦國王執鎮圭公執桓圭侯執
取藏之文臣謹按禮經春官大宗伯云以玉
玉色翠碧瑞斑微赤如辰砂裡血琢刻嘉穀
右璧圍徑八寸八分好徑三寸二分厚四分

三代周玉穀璧 計五字

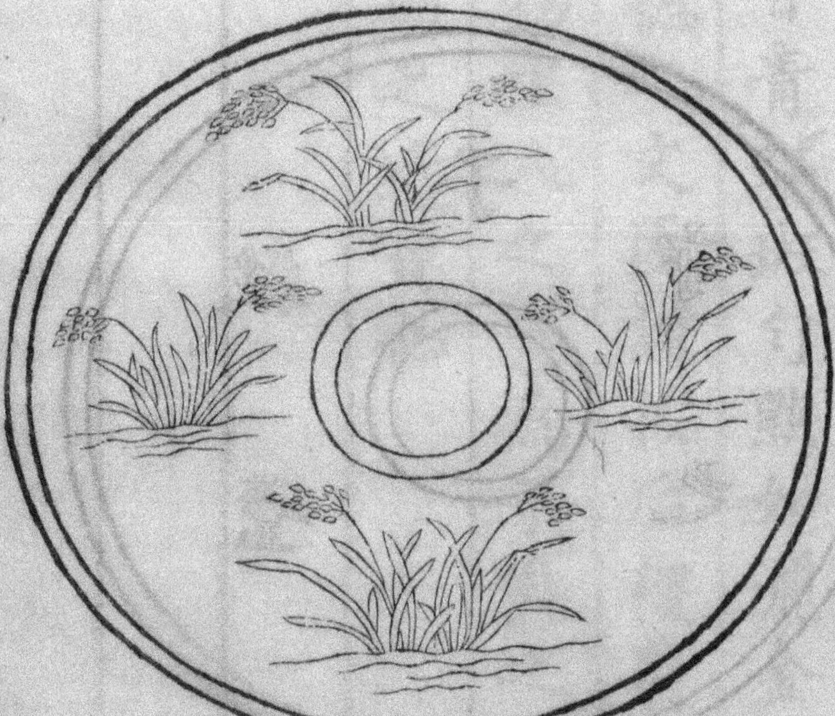

子
穀
璧
之
守

右璧圓徑一尺四寸好徑四寸二分厚五分三厘玉色甘青璊斑勻點如灑金粟璧面瑑刻嘉禾連穗之文臣謹按后稷農經曰穀以養人為造物生人之寶為子爵之守器其制度醇古乃周之遺寶也

度醇古乃周之遺寶也

養人為造物生人之寶為予嘗之守器其制

列嘉禾連穗之文匡謹按后稷農經曰穀以

三厘玉色甘青滿斑勻點如灑金粟璧面琢

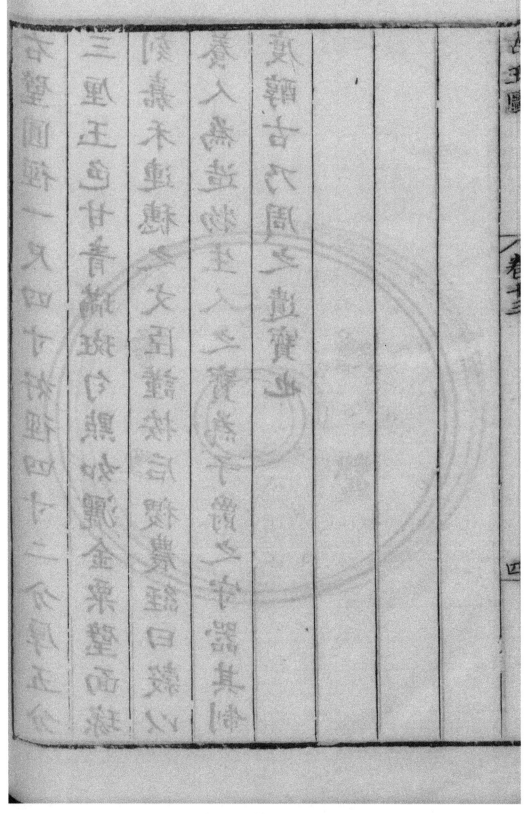

右璧圓徑一尺四寸好徑四寸二分厚五分

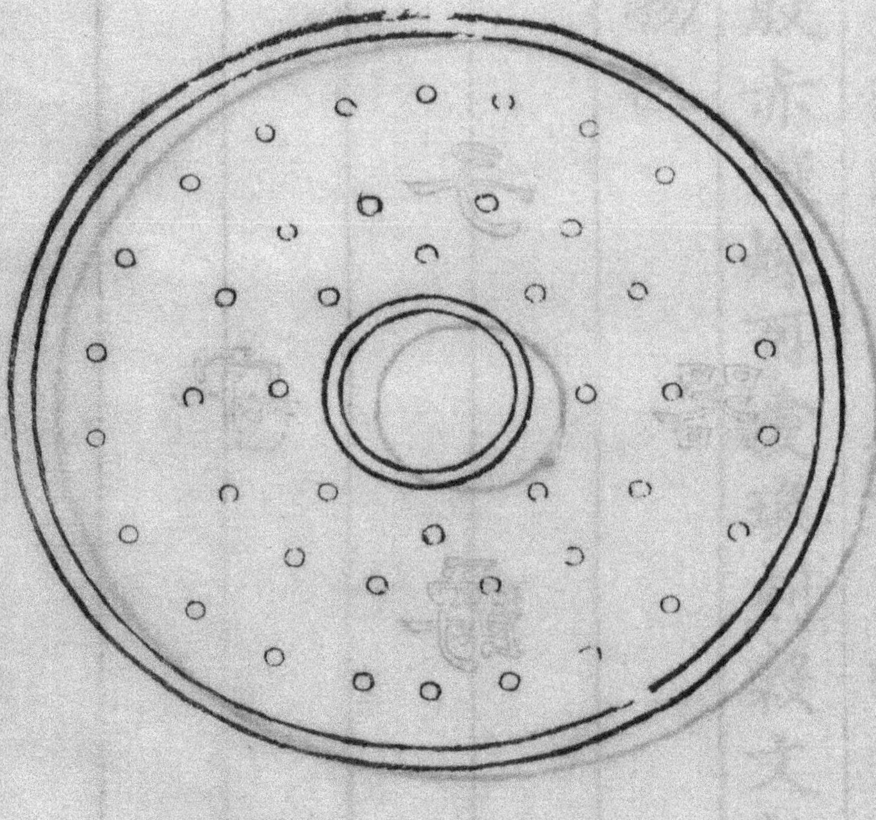

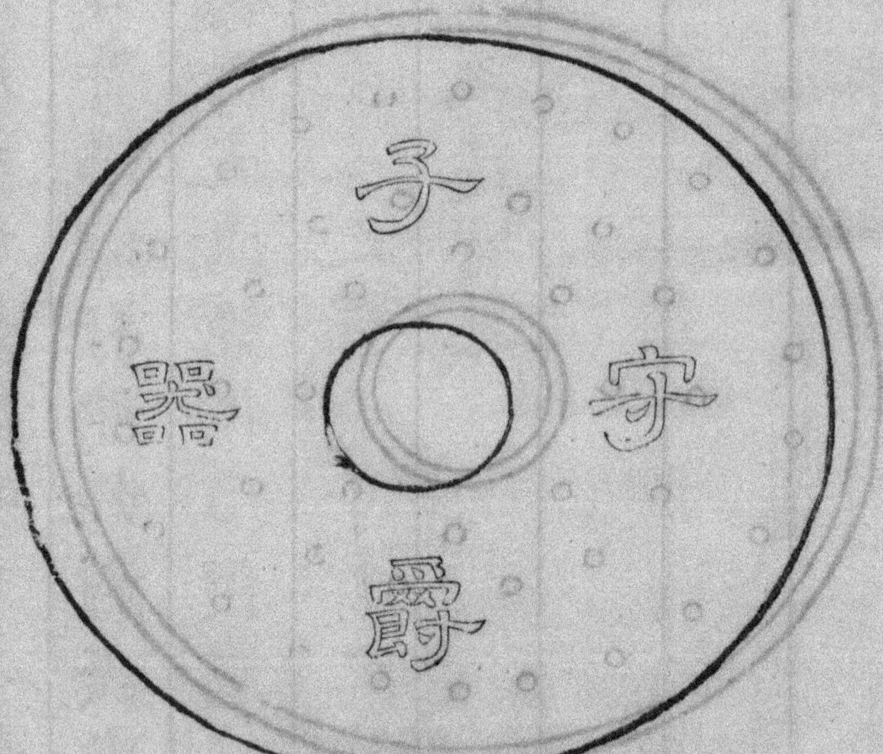
子
守
爵
器

右璧肉好圓徑厚薄悉與前同唯玉色瑩白璊斑元黄殷赤熣爍可愛瑑刻縠文朴質古雅漢以前物也

稚漢以前物也

瑞斑元黄殷赤稚樸可愛琢刻紋文朴質古

右璧内好圓徑厚薄色與前同唯玉色澹白

三代周玉蒲璧一

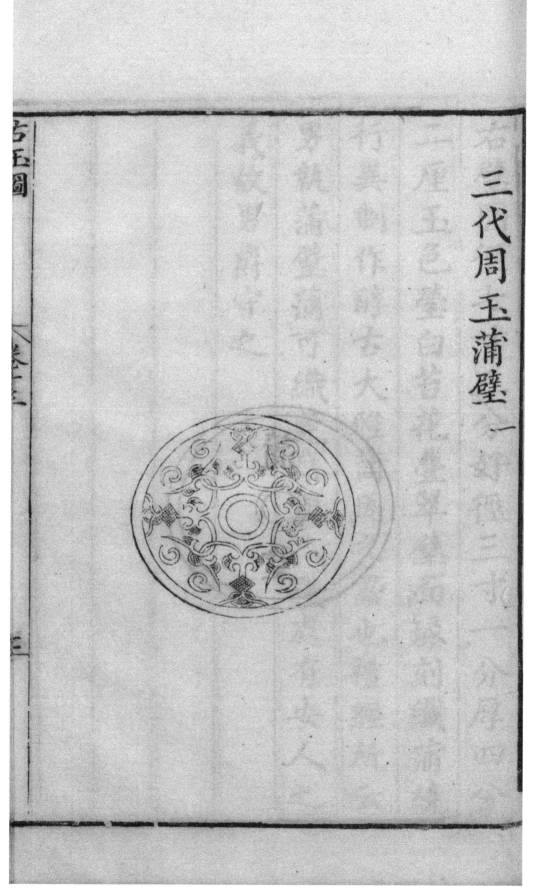

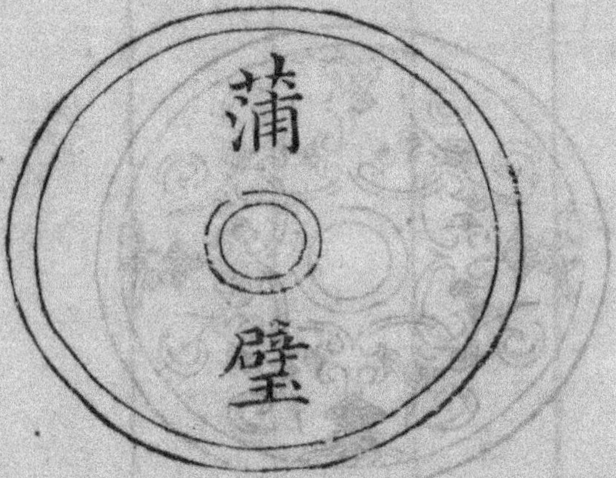
蒲
璧

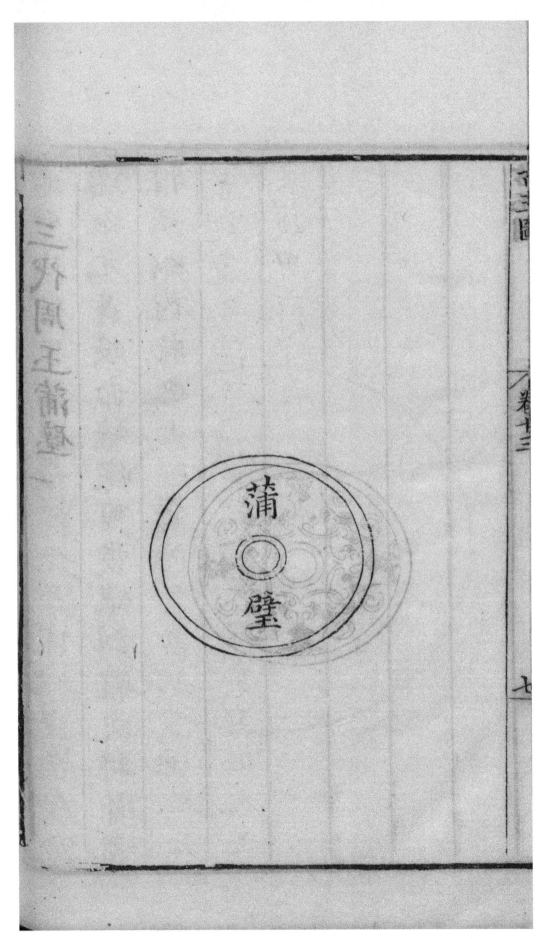

右璧圓徑七寸三分好徑三寸一分厚四分
二厘玉色瑩白剳花疊翠璧面瑑刻織蒲繞
行異制作醇古大雅商周之器也禮經所云
男執蒲璧蒲可織莞席與人寢處有安人之
義故男爵守之

三代周玉蒲璧 二

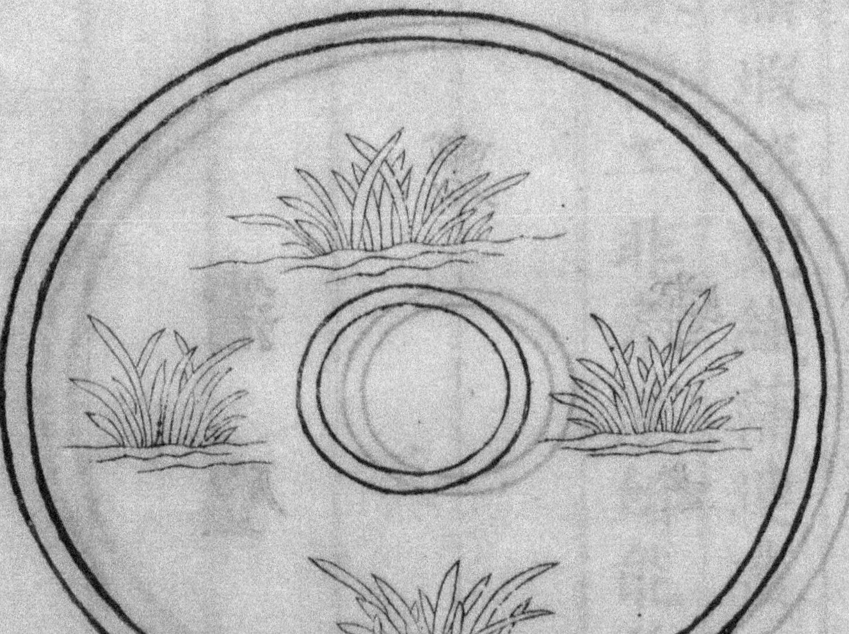

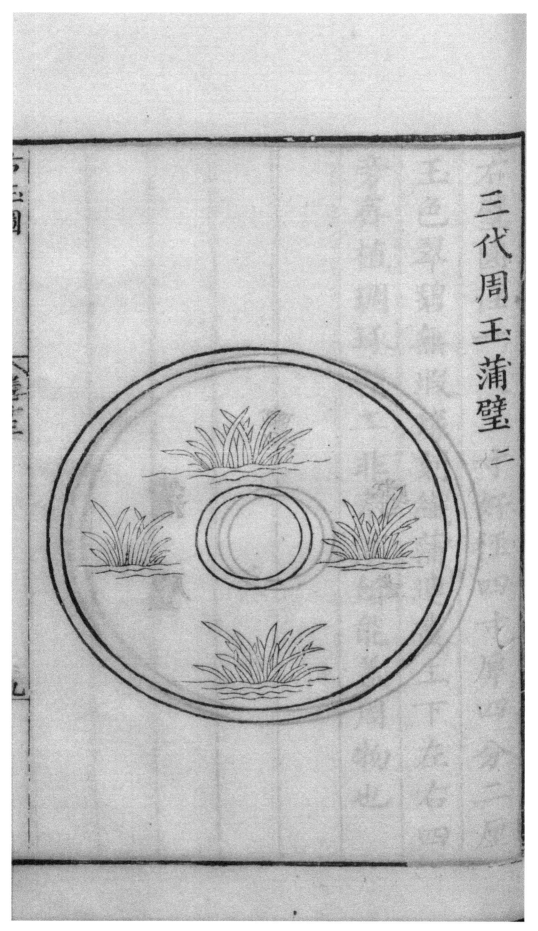

三分周玉蒲璧二

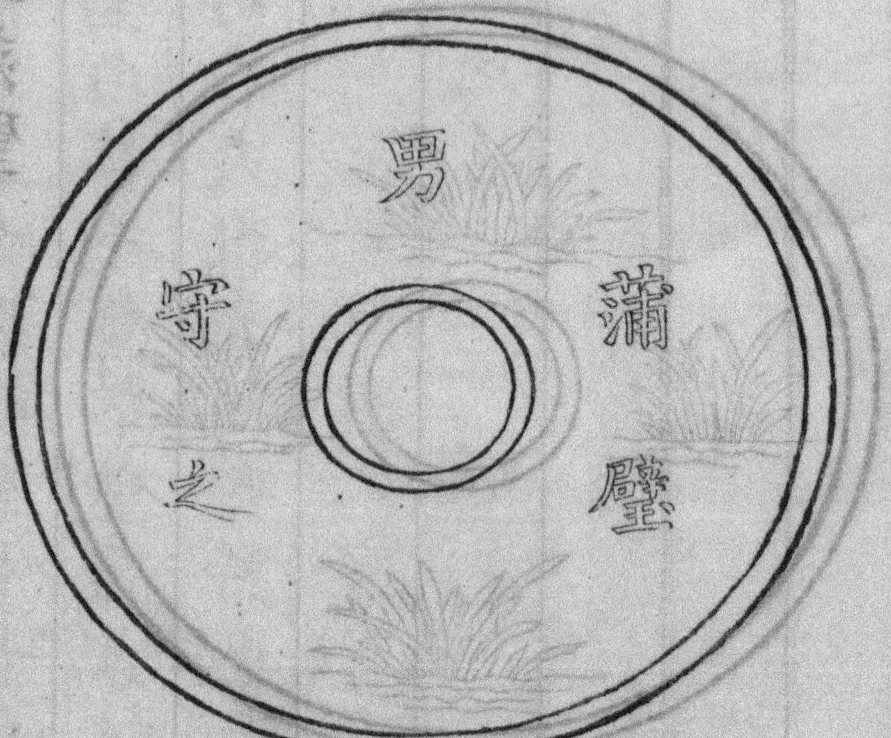

右璧圓徑一尺二寸好徑四寸厚四分二厘玉色翠碧無瑕琢刻纖蒲連叢上下左右四旁齊植琱琢精工非秦漢所能盖周物也

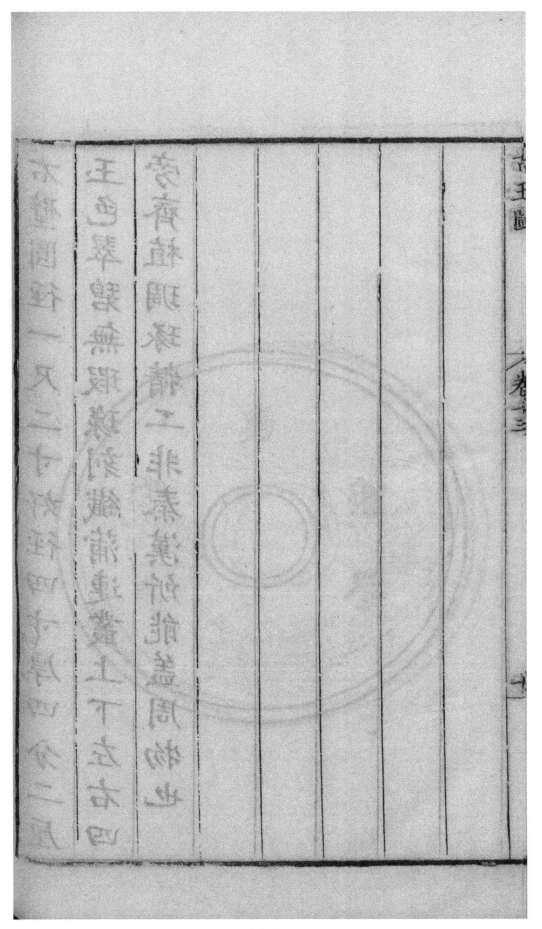

三代周玉蒲璧

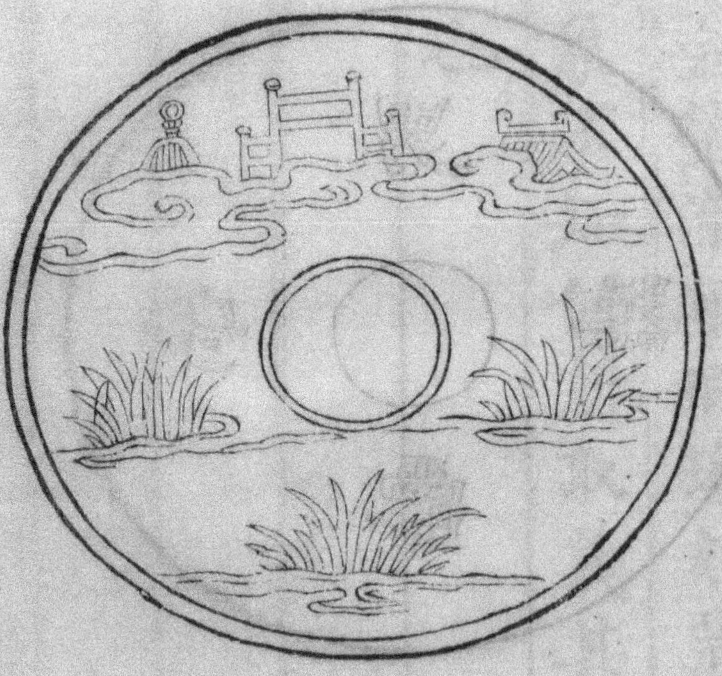

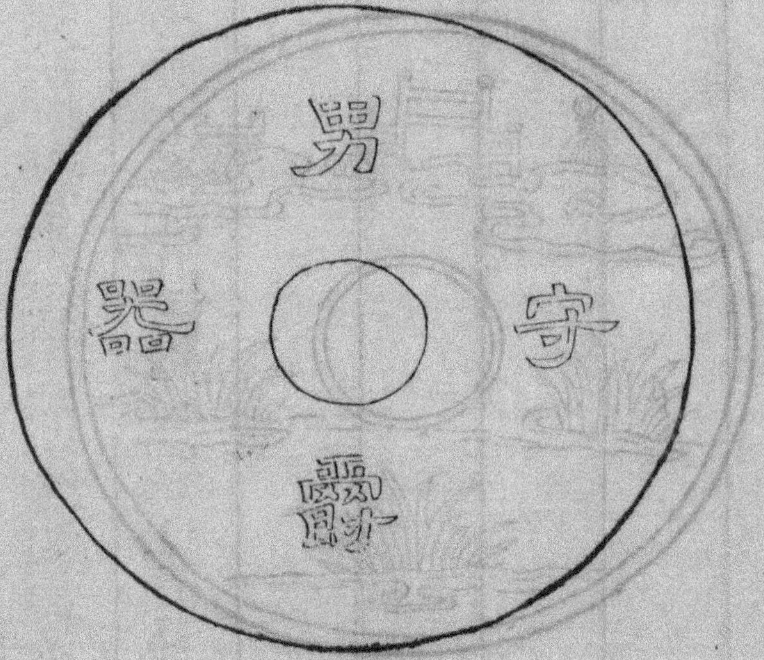
男
守
財
器

右璧肉好圓徑厚薄悉與前第二蒲璧相同玉色甘黄如金瑩澈無瑕瑑刻蒲草三蕤并雲氣坊闕之象不知何所取義其制度奇古必盛周之物也

宋淳熙敕編古玉圖譜第十三冊終

右匜高低大小如圖玉色甘青無瑕一耳四足而缺其蓋純緣之下刻以雷文腹下六楞横列以螭飾耳以熊飾足與他匜有異此商之遺物也

宋淳熙敕編古玉圖譜第九十三冊　終